Rolf Krenzer · Macht euch bereit zur Weihnachtszeit

Rolf Krenzer

MACHT EUCH BEREIT ZUR WEIHNACHTSZEIT

Neue Geschichten, Spiele
und Lieder
von Rolf Krenzer und Martin Göth

Mit vielen bunten Bildern
von Iris Buchholz, Stefan Horst
und Elke Junker

Verlag Ernst Kaufmann

Die Deutsche Bibliothek – CIP-Einheitsaufnahme

Krenzer, Rolf:
Macht euch bereit zur Weihnachtszeit / Rolf Krenzer.
Neue Geschichten, Spiele und Lieder von Rolf Krenzer und
Martin Göth. Mit vielen bunten Bildern von Iris Buchholz ... –
Lahr: Kaufmann, 1996
    ISBN 3-7806-2416-8
NE: Göth, Martin [Komp.]; Buchholz, Iris [Ill.]

1. Auflage 1996
© 1996 Verlag Ernst Kaufmann, Lahr
Alle Rechte vorbehalten · Printed in Germany
Hergestellt bei Kösel GmbH, Kempten
ISBN 3-7806-2416-8

Inhaltsverzeichnis

Öffne nur ein Fensterchen

Weihnachtswünsche

In der Weihnachtsnacht leuchten viele Kerzen

Vorwort

Die Adventszeit mit Weihnachten am Ende stellt für die meisten Kinder den Höhepunkt des gesamten Jahres dar. Bereits mit dem Laternenzug zum Martinstag beginnt im Kindergarten, in der Grundschule und in der Familie ein emsiges, oft heimliches Treiben, das sich dann vom ersten Dezember an ausweitet und Kleine und Große, Alte und Junge ansteckt.

Alles, was Kindern in der Advents- und Weihnachtszeit wichtig ist, wird in diesem Buch in vielen funkelnagelneuen Geschichten, Gedichten, Liedern und Spielen so vorgestellt und aufbereitet, daß nicht nur die Kinder ihre Freude daran haben, sondern auch die Erzieherinnen und Erzieher, Lehrerinnen und Lehrer, Eltern, Großeltern und alle, die sich mit Kindern im Vorschul- und ersten Grundschulalter beschäftigen. Kinder, die beim Vorlesen oder Singen gern mit ins Buch schauen, finden bei den Geschichten und Liedern viele fröhliche Bilder, die zu eigenen Entdeckungen, zum Nachdenken und Darübersprechen anregen.

In fünf Kapiteln werden die wichtigsten weihnachtlichen Bräuche, Personen und Symbole vorgestellt. Neben den Geschichten, Liedern und Spielen um den Nikolaus, den Barbaratag und die Heiligen Drei Könige hat hier auch der Adventskalender seinen Platz, ebenso das Plätzchenbacken und das heimliche Basteln, um anderen eine Freude zu bereiten.

Kerzen spielen in dieser Zeit eine ganz besonders wichtige Rolle. Deshalb ist ihnen ein ganzes Kapitel mit vielen Anregungen gewidmet. Und natürlich fehlen nicht die Lieder, Spiele und Geschichten, die sich direkt mit dem Wunder in der Heiligen Nacht beschäftigen und dies auf ihre Weise Kindern nahebringen.

Der Band setzt die bereits sehr erfolgreiche neue Reihe (Winterzeit - Kinderzeit, Auf einmal ist der Frühling da) in bewährter Weise mit dem Thema „Advent, Weihnachten" fort. Alle Lieder für diese Sammlung sind neu entstanden. Sie wurden von Martin Göth komponiert und mit vielen Kindern und Original-Instrumenten auf der gleichnamigen CD „Macht euch bereit zur Weihnachtszeit" in Verbindung mit dem Verlag Ernst Kaufmann herausgebracht und sind durch ihn zu beziehen.

Macht euch bereit zur Weihnachtszeit

Holt eure Päckchen
aus den Versteckchen!
Nehmt die Flötchen
in eure Pfötchen!
Steckt an die Kerzen
und macht eure Herzen
zur Weihnachtsfreude bereit.
Denn bald, ihr Schätzchen,
gibt's Lieder und Plätzchen,
beim Weihnachtsbäumchen
erfüllen sich Träumchen.
Und klingelt das Glöckchen,
dann schleicht leis auf Söckchen
hinein in die Weihnachtszeit!

Mein Licht, das leuchtet weit

Kanon für 2 oder 4 Stimmen oder Rundgesang

Text: Rolf Krenzer, Melodie: Martin Göth

Zur 1. Zeile denken wir uns eine Kerze und halten sie auf unserem Handteller.

Zur 2. Zeile stehen wir auf und halten die Kerze so hoch wir nur können.

Zur 3. Zeile wenden wir uns unserem Nachbarn zu, schenken ihm unsere Kerze und lassen uns seine schenken.

Zur 4. Zeile halten wir die Kerze wieder mit beiden Händen, so hoch wir können.

Zur 1. Zeile sitzen wir wieder mit der gedachten Kerze auf dem Handteller usw.

Wir können auch ein Spiel mit richtigen Kerzen oder Teelichtern gestalten, das dann mit einem Reigen und einem gemeinsamen Stehen im Kreis endet.

Der Raum ist abgedunkelt. Eine(r) zündet seine Kerze an und geht langsam zu dem Lied im Kreis herum, bleibt vor eine(r/m) anderen stehen, so daß diese(r) sein Licht anzünden kann. Dann gehen beide mit ihrem Licht weiter. Immer mehr können von Strophe zu Strophe ihr Licht anzünden. Wir gehen langsam zu dem Lied im Reigen im Kreis herum. Dann gehen wir behutsam durcheinander und bleiben schließlich stehen, um die Geborgenheit durch das Licht und das gemeinsame Singen oder Summen zu erleben.

Wurde das Lied *bisher als Rundgesang* gesungen, kann es jetzt im *Kanon* angestimmt werden. Wenn der Kanon verklungen ist, blasen wir nacheinander unser Licht aus.

Jonas und sein Adventslicht

„Hast du den Adventskranz gekauft?" fragte Jonas, als Mutti ihm die Tür öffnete. Er hatte Mühe, richtig „Adventskranz" zu sagen. Voriges Jahr hatte er ihn noch „Armensgans" genannt. Aber im letzten Jahr war er ein ganzes Stück gewachsen und hatte gelernt, ganz deutlich und richtig zu sprechen. Zwar noch nicht so schnell wie Silke und Julia, seine großen Schwestern, aber immerhin!

Mutti nickte. „Geh mal ins Wohnzimmer!" sagte sie und ging hinter ihm her. Da stand der Adventskranz mitten auf dem Tisch. Mutti griff nach den Streichhölzern, die daneben lagen, und zündete eine Kerze an. Dann blieb sie still hinter Jonas stehen.

„Da staunst du!" sagte sie leise, weil Jonas gar nichts sagte.

Als Jonas sich dann zu ihr umdrehte, sah sie die Tränen in seinen Augen.

„Keine dicken, roten Kerzen!" flüsterte er und mußte an den großen Kranz mit den roten Kerzen denken, den sie heute morgen mit Frau Krug im Kindergarten gebunden hatten.

„Dieses Jahr sind blaue Kerzen und blauer Schmuck modern!" meinte Mutti. „Und außerdem war der Adventskranz sehr teuer!" sagte sie noch, als sie das Zimmer verließ.

Da stand Jonas vor dem fremden Adventskranz und schniefte leise vor sich hin. Er hatte sich so auf die roten Kerzen gefreut. Und auch Frau Krug hatte heute morgen noch gesagt, daß die roten Kerzen einfach dazugehören.

„Sei nicht kindisch!" Mutti war wieder hereingekommen. Sie legte ihren Arm um ihn. „Nächstes Jahr gibt's wieder rote Kerzen!"

Sie zog ihn mit sich aus der Tür. „Und nun kannst du den beiden Großen helfen, das Fenster zu schmücken!"

Vati hatte vor ein paar Wochen die bunten Lichter und funkelnden Sternenketten gekauft, die er nun mit Silkes und Julias Hilfe an den zwei großen Fenstern befestigte, die zur Straße führten.

Er hantierte mit dem Trafo herum. Schließlich mußten die Sterne und Ketten, die Strahler und Blinker mit Strom versorgt werden, damit sie so richtig glitzern und glänzen konnten. „Wartet nur, bis es dunkel ist!" sagte er vergnügt. „Dann haben wir das schönste Adventsfenster der ganzen Straße!"

Er nickte Jonas zu. „Na, mein Kleiner", lachte er, „so etwas Schönes habt ihr im Kindergarten bestimmt nicht!"

„Wir haben einen Kerzenständer gebastelt!" rief Jonas sogleich und rannte nach draußen, wo er seine Kindergartentasche abgestellt hatte. Gleich darauf kam er mit einem kleinen, ein bißchen zerknautschten Kerzenständer aus Pappe zurück.

„Der kommt aber nicht an unser Fenster!" sagte Julia bestimmt.

Vati nahm das zerdrückte Ding in die Hand und musterte es von allen Seiten. „Du kannst es morgen früh als Eierbecher benutzen!" sagte er dann, und die beiden Großen lachten.

„Ich brauche nur eine Kerze!" antwortete Jonas leise und überhörte Vatis dummen Witz einfach. „Frau Krug hat gesagt, daß der Kerzenständer mit der Kerze heute abend vor das Fenster soll!"

„Frau Krug hat hier überhaupt nichts zu sagen!" sagte Silke spitz.

„Außerdem stört er unsere Adventsdekoration!" ergänzte Julia.

„Männchen, es geht wirklich nicht!" sagte Papa dann und gab ihm den Ständer zurück.

O, wie es Jonas haßte, wenn Papa ihn Männchen nannte!

„Eure blöden, dummen Glitzersterne sind gar nicht schön!" schrie er und rannte zur Tür. „Meine Dekation ist viel schöner!"

Mutti konnte ihn gerade noch aufhalten, als er aus der Wohnung stürmen wollte. „Zeige mir mal deinen Kerzenständer!" sagte sie und kramte solange in einer Schublade, bis sie wirklich noch eine Adventskerze vom letzten Jahr fand. Darauf stellte sie die Kerze in dem Ständer auf den Küchentisch und zündete sie an. „Schön ist das!" sagte sie und nahm Jonas in den Arm. „Der Rest deiner Familie versteht es nur leider nicht!"

13

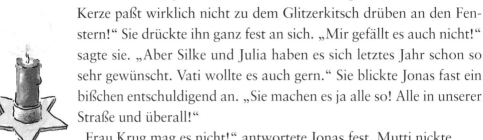

Sie seufzte.

„Aber ehrlich, Jonas", meinte sie dann zögernd, „deine schöne Kerze paßt wirklich nicht zu dem Glitzerkitsch drüben an den Fenstern!" Sie drückte ihn ganz fest an sich. „Mir gefällt es auch nicht!" sagte sie. „Aber Silke und Julia haben es sich letztes Jahr schon so sehr gewünscht. Vati wollte es auch gern." Sie blickte Jonas fast ein bißchen entschuldigend an. „Sie machen es ja alle so! Alle in unserer Straße und überall!"

„Frau Krug mag es nicht!" antwortete Jonas fest. Mutti nickte.

„Und Frau Kolodzey auch nicht!"

„Frau Kolodzey?" Mutti sah ihn erstaunt an. „Meinst du unsere Frau Kolodzey? Die alte Frau Kolodzey in der Wohnung über uns?" Jonas nickte stumm.

„Sie hat auch kein Geld, um sich so teuren Glitzerschmuck für ihr Fenster zu kaufen!" sagte Mutti leise.

Sie schwiegen beide.

Dann griff Jonas nach dem Kerzenständer mit der Kerze. „Ich schenke der Frau Kolodzey alles!" sagte er.

„Du gehst aber nicht mit der brennenden Kerze durch das Treppenhaus!" rief Mutti und blies ganz schnell die Flamme aus. Als sie sein enttäuschtes Gesicht sah, steckte sie sie wieder an. „Ich komme mit dir!" sagte sie. „Unsere Fensterschmücker sind noch lange nicht fertig. Wir müssen sowieso mit dem Mittagessen warten. Und die Suppe haben wir ganz schnell wieder aufgewärmt!"

Als sie dann nach langer Zeit wieder zurückkamen, hatten die anderen die beiden Fenster fertig geschmückt. Jetzt konnten sie es kaum noch erwarten, bis es endlich dunkel wurde.

„Das gibt einen richtigen farbigen Lichteffekt!" schwärmte Vati. „Und alles bewegt sich noch!" Dann sah er Jonas an. „Es gefällt dir doch sicher auch?" fragte er.

„Jonas hat seinen Kerzenständer der Frau Kolodzey geschenkt!" sagte Mutti leise und teilte den Eintopf aus.

14

„Ach, was?" Vati blickte Jonas verwundert an.

„Die Frau Kolodzey hat sich sehr gefreut!" Jonas nickte. „Und heute abend, wenn es dunkel wird, darf ich zu ihr kommen. Dann wird meine Kerze angezündet. Es gibt sogar schon Adventsplätzchen!"

„Jonas, du bist richtig altmodisch!" lachte Julia laut.

Mutti blickte nachdenklich zu den beiden geschmückten Fenstern, die bereits funkelten und glitzerten. Vati hatte es nicht lassen können, schon jetzt alles in Betrieb zu setzen. Er hatte die Tür aufgelassen, so daß man von hier aus die Fenster sehen konnte.

„Frau Kolodzey hat gemeint", sagte sie, „daß viele Leute ihre Fenster nach außen hin so doll schmücken, damit alle sehen sollen, wie schön sie drinnen den Advent feiern. Dabei spielt sich hinter den Glitzerscheiben überhaupt nichts mehr ab. Da hocken sie vor der Glotze und wissen überhaupt nicht mehr, warum wir eigentlich Advent feiern."

Sie wollten alle drei schon über Mutti herfallen. Sie wollten ihr sagen, daß es hier bei ihnen doch ganz anders war. Ganz, ganz anders!

Als sie aber Mutti ansahen, da merkten sie, daß es ihr sehr ernst mit dem war, was sie gesagt hatte. Das war nicht nur die alte Frau Kolodzey, die so etwas dachte. Das war auch Mutti.

„Ich ärgere mich bereits, daß ich auf diesen Rummel wieder einmal hereingefallen bin!" sagte Mutti leise. „Laß ich mir doch diesen blöden Adventskranz mit blauen Kerzen und blauen Glitzerschleifen für viel Geld andrehen!"

„Dabei sind nur die roten Kerzen die richtigen!" bestätigte Jonas.

„Und gelbe Kerzen aus Bienenwachs!" meinte Julia.

Und Silke nickte. „Sie riechen so gut!"

„Sie ist schon eine weise Frau, die alte Frau Kolodzey!" sagte Mutti noch nachdenklich.

„Genau!" Jonas klatschte begeistert in die Hände. „Sie hat auch ganz weißes Haar! Den ganzen Kopf voll!"

15

Wenn die erste Kerze brennt

Text: Rolf Krenzer, Melodie: Martin Göth

1. Wenn die er - ste Ker - ze brennt im Ad - vent,

im Ad - vent, war - ten wir bei uns zu Haus

längst schon auf den Ni - ko - laus. Und wir sin - gen

Weih - nachts - lie - der im - mer wie - der, im - mer wie - der.

Und wir fei - ern den Ad - vent, weil die er - ste

Ker - ze brennt. *(Instrumental)*

2. Wenn die zweite Kerze brennt…
   da sind alle gern dabei
   bei der Weihnachtsbäckerei.
   Und wir lassen uns verführen
   und probieren und probieren.
   Und wir feiern den Advent,
   weil die zweite Kerze brennt.

3. Wenn die dritte Kerze brennt…
   packen wir Geschenke ein,
   daß sich später alle freun,
   suchen für die Weihnachtspäckchen
   ein Versteckchen, ein Versteckchen.
   Und wir feiern den Advent,
   weil die dritte Kerze brennt.

4. Wenn die vierte Kerze brennt…
   kommt der Weihnachtsbaum ins Haus,
   halten wir's nicht länger aus.
   Und wir zählen voller Plage
   alle Tage, alle Tage.
   Und wir feiern den Advent,
   weil die vierte Kerze brennt.

5. Endlich ist es dann so weit:
   Weihnachtszeit, Weihnachtszeit!
   Hört vom Kind im Krippenstroh!
   Es macht alle Menschen froh.
   Und vom Weihnachtsbaum die Kerzen
   leuchten bis in uns're Herzen.
   Singt und lacht zur Weihnachtszeit!
   Endlich ist es jetzt so weit!

Ich steck' für dich eine Kerze an

Ich steck' für dich eine Kerze an
und schenke sie dir.
Siehst du das Leuchten, glaub mir, dann
freust du dich mit mir.

Vier Kerzen im Advent

Zündet eine Kerze an.
Sie will Hoffnung schenken.
Wollen mit der zweiten dann
an den Frieden denken.
Und die dritte Kerze gibt
immer neue Freude.
Weil uns Gott von Herzen liebt,
brennt die vierte heute.
Brennen alle Kerzen dann,
fängt die Weihnachtszeit bald an.

Die erste Kerze

Seht, die erste Kerze brennt!
Macht euch jetzt bereit!
Brennt die Kerze im Advent,
ist bald Weihnachtszeit.

In der kalten Winternacht

In der kalten Winternacht
ist ein kleines Licht erwacht,
und es sagt dir, wenn es brennt:
„Freu dich! Wieder ist Advent!"

Licht im Dunkeln

„Laß die Tür noch einen Spalt offen!" bat die kleine Simone, als die
Vorlesegeschichte zu Ende war und Mutti nach dem Gutenachtkuß
gehen wollte. „Nur einen winzigen Spalt!"
Jeden Abend mußte die Tür zu Simones Zimmer einen Spalt offen
bleiben, damit der Lichtstrahl aus dem Flur bis zu ihrem Bett gelan-
gen konnte.
Im Sommer und im Herbst schlief Simone bereits ein, bevor es dunkel wurde. Da brauchte sie kein Licht. Aber jetzt waren die Nächte
länger geworden und der Abend begann bereits, wenn sie alle noch
beim Abendessen waren.
Simone fürchtete sich nicht im dunklen Zimmer. Doch es war schön,
wenn der kleine Lichtstrahl aus dem Flur zu ihr hereindrang. Besonders an diesem Abend, an dem weder Mond noch Sterne am Himmel zu sehen waren. Es war stockdunkel draußen.
„Hältst du es einmal ganz kurz im Dunkeln aus?" fragte Mutti und
lächelte geheimnisvoll. „Ich habe eine Überraschung für dich!"
Simone nickte und sah Mutti nach, die behutsam die Tür hinter sich
schloß. Jetzt war es ganz dunkel im Zimmer.
Als Mutti zurückkam, trug sie ein brennendes Teelicht in der Hand.

Da war die Dunkelheit mit einem Mal erleuchtet. Simone hielt den Atem an. So schön war das.

Mutti stellte das Licht auf die kleine Kommode, so daß Simone es vom Bett aus sehen konnte. Dann stellte sie vor das Teelicht ein winziges Häuschen aus Ton, das wie ein verzaubertes Hexenhäuschen aussah. Durch seine Fenster drang nun der helle Schein des Lichts hindurch.

„Ist das schön!" flüsterte Simone und konnte sich nicht satt sehen daran.

Da kam Mutti mit dem Häuschen und dem Licht zu ihr ans Bett und hielt das Teelicht so, daß Simone das kleine Haus von vorn sehen konnte. Jetzt entdeckte sie, daß auf dem Dach und auch vor der Haustür Schnee lag. Das Häuschen sah aus wie die leuchtenden Häuser, die Simone im vorigen Jahr auf dem Weihnachtsmarkt gesehen hatte.

„Ein Adventshaus!" sagte Mutti leise und stellte das Häuschen wieder auf die Kommode. Und als sie das Teelicht dahinterstellte, leuchtete es wieder in einem unwirklichen Glanz.

„Morgen ist erster Advent!" sagte sie. Da spürte Simone, wie es innendrin in ihr zu kribbeln anfing.

„Dann ist ja bald Weihnachten!" seufzte sie glücklich.

Sie zeigte auf das Adventshaus und fragte: „Darf es noch ein bißchen leuchten?"

Mutti nickte. „Bis du eingeschlafen bist!"

Dann ging sie leise zur Tür und schloß sie hinter sich. Simone aber lag in ihrem Bett, schaute immer wieder auf das kleine leuchtende Adventshaus und fühlte die Freude in sich hochsteigen.

Viel später, als Simone längst eingeschlafen war, kam Mutti noch einmal herein und blies das kleine Teelicht aus.

Morgen würden sie es wieder anzünden. Und die erste Kerze auf dem Adventskranz auch. Ja, morgen ist erster Advent, dachte, sie und freute sich auch.

DU LIEBER, GUTER NIKOLAUS

Barbarazweige

Text: Rolf Krenzer, Melodie: Martin Göth
© Verlag Ernst Kaufmann. Vervielfältigung nur mit Genehmigung.

Refrain: Bar - ba - ra - zwei - ge im Win - ter,

stellt sie ins Was - ser und war - tet dar - auf:

Bar - ba - ra - zwei - ge ihr Kin - der, blü - hen zu

Weih - nach - ten auf. 1. Tragt die Zwei - ge in die Stu - be,

bringt sie schnell her - ein. Sol - len in den

Win - ter - ta - gen hier ge - bor - gen sein.

22

Refrain:
Barbarazweige im Winter,
stellt sie ins Wasser und wartet darauf:
Barbarazweige, ihr Kinder,
blühen (Klatsch) zu Weihnachten auf.

2. Stellt die Zweige in die Vase!
   Laßt sie ruhig stehn!
   Winterzweige in der Vase.
   Was wird wohl geschehn?

   Refrain:
   Barbarazweige im Winter…

3. Gebt den Zweigen auch zu trinken,
   weil sie durstig sind.
   Und die Zweige spüren nicht den
   kalten Winterwind.

   Refrain:
   Barbarazweige im Winter…

4. Wartet bis zum Weihnachtsabend,
   wartet nur darauf,
   denn dann springen alle Knospen
   an den Zweigen auf.

   Refrain:
   Barbarazweige im Winter…

Ann-Charlotts Geschenk für alle

Als Papa in seinem Werkraum im Keller sägte und hämmerte, klopfte Ann-Charlott an die Tür, die Papa von innen verriegelt hatte.

„Was machst du da drin?" fragte Ann-Charlott vor der Tür.

„Nichts weiter!" antwortete Papa hinter der Tür.

„Was ist ‚nichts weiter'?" fragte Ann-Charlott.

„Nur ein paar Weihnachtsgeheimnisse!" rief Papa.

„Für mich?" fragte Ann-Charlott und klemmte ihr Auge an das Türschloß. Doch von der anderen Seite steckte ein Schlüssel. Da war nichts zu sehen.

„Schon möglich!" meinte Papa und hämmerte wieder drauflos.

„Papa kriegt auch etwas von mir!" sagte sie dann, als sie oben in die Küche zu Mama kam.

„Aha!" staunte Mama. „Was denn?"

„Kann ich nicht sagen!" sagte Ann-Charlott und schüttelte den Kopf.

„Was Papa von dir bekommt, kannst du mir schon sagen!" meinte Mama und legte ihren Arm um ihr Töchterchen.

„Geht nicht!" sagte Ann-Charlott. „Er bekommt dasselbe wie du!"

„Aha!" meinte Mama. „Dann behalte es besser für dich!"

„Bekomme ich auch etwas von dir?" fragte Ann-Charlott. „Papa sägt und hämmert etwas für mich. Ein Weihnachtsgeheimnis!"

„Wir schenken es dir zusammen, Papa und ich!" sagte Mama und schob ein Blech Plätzchen in den Backofen.

Darius saß an seinem Schreibtisch und versteckte etwas unter seinem großen Buch, als Ann-Charlott zu ihm in sein Zimmer kam.

„Ach, du bist es nur!" sagte er. „Kannst du nicht anklopfen?"

„Was hast du da versteckt?" fragte Ann-Charlott.

Da zog Darius ein Bild mit einem riesigen bunt geschmückten Weihnachtsbaum unter dem Buch hervor. „Das bekommt Mama von mir zu Weihnachten!"

„Schön!" sagte Ann-Charlott. „Und was bekommt Papa von dir?"

„Das male ich morgen oder übermorgen!" antwortete Darius. „Das Bild für Mama ist ja noch nicht fertig!"

„Krieg' ich auch etwas von dir?" fragte Ann-Charlott dann. „Aber keine Bilder. Bilder kann ich selbst malen!"

„Etwas anderes!" sagte Darius und nickte. „Und krieg' ich auch etwas von dir?" fragte er dann.

„Ich hab' etwas für alle!" sagte Ann-Charlott. „Eine Riesenüberraschung, wenn es klappt!"

„Was soll denn klappen?" Darius war nun doch etwas neugierig geworden.

„Das weiß nur die Oma!" lachte Ann-Charlott, ging zur Tür und verließ ihren Bruder mit einem geheimnisvollen Lächeln.

Als sie kurz vor Weihnachten alle noch einmal mit Oma telefonierten, weil Papa sie am Heiligabend zu Hause abholen wollte, da mußte auch Ann-Charlott unbedingt noch einmal mit ihr sprechen. „Klappt es, Oma?" fragte sie.

Und als Oma ihr antwortete, konnten es die anderen alle nicht hören. Ann-Charlott hatte mit einem Griff blitzschnell den Lautsprecher ausgeschaltet. An ihrem Lächeln, an den kleinen Schreien, die sie immer wieder ausstieß, und an den glänzenden Augen konnten alle aber sehen, wie sehr sich Ann-Charlott über das freute, was sie von Oma erfuhr.

„Es klappt!" sagte sie, als sie endlich den Hörer auflegte.

„Was klappt?" fragten Mama, Papa und Darius fast gleichzeitig.

„Mein Weihnachtsgeheimnis!" lachte Ann-Charlott glücklich.

Als dann Papa am Heiligen Abend Oma mit dem Auto brachte, da mußte er sich, als er ausgestiegen war, umdrehen. Und Mama und Darius mußten im Flur bleiben und durften Oma noch nicht begrüßen, weil Oma mit Ann-Charlott und einem großen, in Zeitungspapier eingeschlagenen Ding unbedingt in den Keller mußten, um es dort bis zur Bescherung abzustellen. Als sie zurückkamen, grinsten sie sich wie zwei Verschwörer zu.

Später stand auf dem Weihnachtstisch für Ann-Charlott ein großes Puppenhaus. Es war viel schöner als all die Plastikpuppenhäuser, die man den Kindern in der Fernsehreklame aufschwätzen wollte. Papa hatte es aus Holz geschreinert und gebastelt. Und die wunderschönen Puppenmöbel dazu. Mama hatte die Vorhänge in den Zimmern und in der Küche genäht. Auch die kleinen Bettlaken und die Kissen und Bettdecken hatte Mama geschneidert.

„Danke!" sagte Ann-Charlott immer wieder und freute sich auch mit Darius über das funkelnagelneue Fahrrad, das er sich schon so lange gewünscht hatte.

Von Darius bekam Ann-Charlott seine alten Buntstifte geschenkt. Er hatte neue bekommen. „Du brauchst ja immer so viele!" sagte er. Und Ann-Charlott war froh, daß er ihr wenigstens kein Bild gemalt hatte. Es reichte doch, wenn sich Oma und Mama und Papa über ihre Bilder freuten, die Darius ihnen geschenkt hatte.

„Und was hast du für uns?" fragte Darius dann und blickte Ann-Charlott erwartungsvoll an.

„Ja, was bekommen wir von dir?" fragte auch Papa. „Du hast uns den Mund die ganze Adventszeit lang richtig wässerig gemacht!"

Da ging Ann-Charlott mit der Oma noch einmal in den Keller. Sie kamen mit dem seltsam eingeschlagenen Ding zurück, das sie hinuntergetragen hatten.

„Du darfst es auspacken!" sagte Oma und stellte es vor Ann-Charlott. „Als ihr am Barbaratag bei mir wart, habe ich mit Ann-Charlott ein paar Kirschzweige im Garten abgeschnitten und in eine Vase gestellt", erklärte sie den anderen. „Und nun seht selbst, was daraus geworden ist!"

Ann-Charlott wickelte ganz behutsam das Zeitungspapier ab, und heraus kamen drei Zweige mit hellen leuchtenden Blüten.

26

„Kirschblüten am Heiligen Abend!" konnte Mama da nur sagen.
Und Papa legte ihr den Arm um die Schulter und freute sich mit
daran. Sogar Darius konnte es nicht fassen. „Wann war Barbaratag?" fragte er nur kleinlaut.

„Am vierten Dezember!" antwortete Oma. „Ja, das ist Ann-Char-
lotts Geschenk für euch alle!" sagte sie dann. „Die Blüten haben den
ganzen Dezember gebraucht, um heute endlich aufzubrechen."

„Es gibt nichts Schöneres!" flüsterte Papa und stand staunend vor
den blühenden Zweigen in der Vase.

„Für euch alle!" sagte Ann-Charlott und spürte ganz tief drinnen,
daß jetzt Weihnachten so richtig angefangen hatte.

Friedrichstraße hundertzehn

Friedrichstraße 110,
Nikolaus, dort bleibe stehn!
Halte dich vorm Haus nicht auf,
steige gleich die Treppe 'rauf,
zweiter Stock, dann links die Tür,
nun bist du schon gleich bei mir.
Klingelst du, dann ist's soweit,
und wir wissen gleich Bescheid.
Alle stürmen schnell heraus:
„Guten Abend, Nikolaus!"
Kommst du dann zu uns herein,
wird es schön für alle sein.
Solltest du vorübergehn,
merk dir's gut und bleibe stehn:
Friedrichstraße 110!

Der Nikolaus war heimlich da

Ein Teller auf der Fensterbank
gefüllt bis obenhin.
Die schönsten Sachen findest du
im bunten Teller drin.
Die hat der Nikolaus gebracht!
Sag, hattest du dir's so gedacht?
„Warum", fragst du beklommen,
„ist er nicht selbst gekommen?"

Vom Nikolaus und den Kindern im Hochhaus

Rollenspiel

1. Szene

Fünf Kinder sitzen gelangweilt an verschiedenen Stellen auf der Spielfläche.
Uwe hat sich auf einem Stuhl zurückgelehnt und stiert vor sich hin.
Brigitte sitzt in einem Haufen von Spielsachen, die sie aber nicht interessieren.
Kevin hält eine TV-Fernbedienung in der Hand.
Corinna versucht, aus grünem Papier einen Hut zu falten.
Laura sitzt auf einem Stuhl, den Kopf in die Hände gestützt, blickt unter sich.
Der Nikolaus kommt und ist müde vom Treppensteigen.

Nikolaus: Das ist also dieses Hochhaus mit den vielen Stockwerken, in dem so viele Leute wohnen.   *Er blickt sich um.* Ein Kind habe ich hier oben im 7. Stock aber noch nicht gefunden. Halt! Hier! Ja, hier muß der Uwe Lindner wohnen. Seine Eltern sind geschieden. Sein Vater wohnt woanders.   *Er klopft.*   Hallo, Uwe! Bist du zu Hause?

Uwe: Komm herein! Die Tür ist offen!

Nikolaus: Ich bin der Nikolaus.

Uwe: Ja! Und?

Nikolaus: Freust du dich nicht?

Uwe: Weiß ich nicht! Mir ist nur langweilig. Und meine Mutter ist auch nicht da.

Nikolaus: Was hast du heute nachmittag gemacht?

Uwe: Nichts! Ich habe mich nur gelangweilt.

Nikolaus: Was soll ich dir denn schenken?

Uwe: Weiß ich nicht!

Nikolaus: Weißt du was: Ich gehe jetzt zu den anderen Kindern hier im Hochhaus. Ich komme nachher noch einmal zu dir. Vielleicht weiß ich dann, was ich dir schenken kann.

Uwe: Ist mir doch egal!

2. Szene

Der Nikolaus geht weiter zu Brigitte.

Nikolaus: Hallo, Brigitte! Störe ich dich beim Spielen?

Brigitte: Alleine spielen macht sowieso keinen Spaß!

Nikolaus: Was spielst du denn?

Brigitte: Gar nichts, weil es alleine so langweilig ist.

Nikolaus: Warum gehst du nicht ein bißchen raus?

Brigitte: Darf ich nicht! Die Straße ist zu gefährlich. Guck doch nur mal runter! Vier Fahrbahnen nebeneinander!

Nikolaus: Weißt du was: Ich gehe jetzt zu den anderen Kindern hier im Hochhaus. Ich komme nachher noch einmal zu dir. Vielleicht weiß ich dann, was ich dir schenken kann.

Brigitte: Spielsachen habe ich genug. Aber keinen, der mit mir spielt.

3. Szene

Der Nikolaus geht weiter zu Kevin.

Nikolaus: Hallo Kevin! Was guckst du denn?

Kevin: Es sind doch nur Wiederholungen. Das habe ich schon dreimal gesehen!

Nikolaus: Dann schalte doch den Fernseher aus.

Kevin: Und was soll ich dann machen?

Nikolaus: Vielleicht was spielen?

Kevin: Allein macht das keinen Spaß! Und meine Eltern haben nie Zeit für mich.

Nikolaus: Hm!

Kevin: Ich habe den Kasten ausgemacht. Und was jetzt?

Nikolaus: Weißt du was: Ich gehe jetzt zu den anderen Kindern hier im Hochhaus. Ich komme nachher noch einmal zu dir. Vielleicht weiß ich dann, was ich dir schenken kann.

Kevin: Dann kann ich den Kasten ja wieder anmachen! *Er drückt auf die Fernbedienung.*

4. Szene

Der Nikolaus kommt zu Corinna. Corinna ist dabei, einen Papierhut zu basteln.

Nikolaus: Na, wird das ein Hut?

Corinna: Quatsch! Er fällt immer wieder auseinander. Ich schaffe es einfach nicht!

Nikolaus: Dann laß dir doch helfen!

Corinna: Von wem denn bitteschön?

Nikolaus: Schade, ich glaube, ich habe es auch längst verlernt.

Corinna: Ja, wirklich schade!

Nikolaus: Ich weiß noch nicht einmal, was ich dir schenken soll.

Corinna: Ich auch nicht!

Nikolaus: Weißt du was: Ich gehe jetzt zu den anderen Kindern hier
im Hochhaus. Ich komme nachher noch einmal zu dir.
Vielleicht weiß ich dann, was ich dir schenken kann.

Corinna: Okay!

5. Szene

Der Nikolaus geht weiter zu Laura.

Nikolaus: Laura? Du wohnst hier im Hochhaus? Du hast doch in
dem kleinen Dorf am Waldrand gewohnt, in…

Laura: In Lixfeld! Aber hier hat mein Vater Arbeit bekommen.
Da mußten wir umziehen. Aber es ist schlimm hier. In
Lixfeld habe ich so viele Leute gekannt.

Nikolaus: Und wie ist es hier?

Laura: Ich kenne nicht einen einzigen hier. Und meine Freundin-
nen sind alle in Lixfeld.

Nikolaus: Im Hochhaus wohnen doch viele Kinder!

Laura: Sie haben alle keine Zeit. Sie gehen einfach an mir vorbei
und sehen mich kaum.

32

Nikolaus: Kennst du die Brigitte?

Laura: Ich wohne doch erst seit September hier!

Nikolaus: Oder den Kevin?

Laura: *schüttelt den Kopf* Mm, mm!

Nikolaus: Da gibt es noch den Uwe und die Corinna. Sag mal, kannst du Hüte aus Zeitungspapier basteln?

Laura: Klar kann ich das! Wer kann das nicht?

Nikolaus: Die Corinna, die neben dir in der Wohnung wohnt.

Laura: Ach, die!

Nikolaus: Kennst du die Corinna näher?

Laura: Nee!

Der Nikolaus nimmt Laura an der Hand.

Nikolaus: Komm doch mal mit mir! Wir gehen zuerst zu der Corinna.

Laura: Warum?

Nikolaus: Wirst schon sehen! Komm einfach mit. *Sie gehen zusammen zu Corinna.*

Nikolaus: Die Laura weiß, wie man Papierhüte faltet!

Laura: Du mußt das Papier so herum nehmen und so knicken! *Sie faltet einen Papierhut, der Nikolaus und Corinna sehen ihr gebannt zu.*

Laura: Fertig! *Sie setzt Corinna den Hut auf den Kopf.*

Corinna: Danke, Laura! Und jetzt? Bleibst du ein bißchen hier?

Nikolaus: Geht leider nicht, Corinna! Wir müssen noch weiter! Aber du kannst ja mitkommen.

Corinna: Wohin?

Nikolaus: Zum Kevin! Dem ist allein so langweilig.

Corinna: Ich gehe mit!

Sie gehen weiter zu Kevin.

Kevin: In Super-RTL ist auch nichts! Immer derselbe Kram!

Nikolaus: Die Brigitte hat tolle Spiele!

Kevin: Was hab' ich davon?

Nikolaus: Wir wollen alle zu ihr! Aber zuerst müssen wir noch zu Uwe.

Kevin: Wartet, ich mache nur den Kasten aus!

Sie gehen alle zusammen weiter zu Uwe.

Nikolaus: Wir wollen zu Brigitte. Sie hat 'ne Menge tolle Spiele!

Uwe: Ich weiß nicht!

Kevin: Sei kein Frosch!

Uwe: Ich kann ja mal gucken.

Sie gehen zu Brigitte.

Nikolaus: Brigitte, hast du auch Spiele, die man mit fünf Leuten spielen kann?

Brigitte: Klar habe ich die. Nur gespielt habe ich noch nie damit. Mit mir spielt ja keiner! Hier, das ist es! *Sie wendet sich an die Kinder.* Spielt ihr mit?

Die Kinder setzen sich um den Spielplan, packen die Spielfiguren aus und sind bald voll dabei.

Brigitte: *zum Nikolaus* Spiel' doch auch mit!

Nikolaus: Schade! Ich muß leider weiter. Es warten noch so viele auf mich. Macht's gut, Kinder!
Die merken noch nicht einmal, daß ich gehe. So beschäftigt sind sie mit ihrem Spiel! *Er geht kopfschüttelnd weiter, bleibt plötzlich stehen und tippt sich an die Stirn.* Und ich habe doch tatsächlich vergessen, ihnen etwas zu schenken! *Er lächelt verschmitzt.* Und die Kinder haben die Geschenke noch nicht einmal vermißt! *Er reibt sich die Hände.* So sehr gefreut habe ich mich schon lange nicht mehr!

Nikolausplätzchen

Was auf unsern Tellern war,
schmeckte uns so wunderbar,
daß wir deine guten Gaben
alle aufgegessen haben.
Nikolaus, drum stellen wir
jetzt die Schuhe vor die Tür,
daß du, wenn du daran denkst,
uns vielleicht noch mal was schenkst.

Wo wohnt er nur, der Nikolaus?

Verena und Kai wohnten in der Amselstraße fast Tür an Tür und
gingen zusammen zum Kindergarten. In diesem Jahr wollten sie endlich wissen, wo der Nikolaus wohnte.

Letztes Jahr war er zuerst zu Kai gekommen, dann zu Verena. Diesmal wollten sie ganz genau aufpassen, wer zuletzt drankam. Der
sollte dann gleich, wenn der Nikolaus gegangen war, dem anderen
Bescheid geben. Dann wollten sie hinter dem Nikolaus herschleichen
und aufpassen, wo er zu Hause war. Es konnte nicht weit weg sein,
denn der Nikolaus kam weder mit seinem Schlitten mit den Rentie-
ren davor noch mit einem Auto.

Es klappte besser, als sie es sich vorgestellt hatten.

„Gehst du jetzt noch zu der Verena?" fragte Kai den Nikolaus, als er gerade gehen wollte.

Der Nikolaus schüttelte den Kopf. „Da war ich schon!" brummte er in seinen Bart. „Du warst heute als allerletzter dran. Jetzt geht's auf dem schnellsten Weg nach Hause!"

Er gab Papa einen freundschaftlichen Schlag auf die Schulter und machte sich dann auf den Weg. Kai wartete nur einen Augenblick, bevor er fragte, ob er noch einmal kurz zu Verena dürfe. Natürlich durfte er gehen. Er rannte zu Verena, klingelte und fragte, ob sie noch ein bißchen zu ihm kommen dürfe. Verenas Eltern hatten nichts dagegen. Verenas Vater und Kais Vater kannten sich gut. Sie trafen sich jeden Dienstag mit ein paar anderen Männern aus der Neubausiedlung im Keller der Alten Post und machten dort zusammen Musik. Verenas Vater spielte Saxophon und Kais Vater Gitarre.

„Dort hinaus ist er gegangen!" raunte Kai Verena zu. „Wenn wir ganz nah an den Gartenzäunen entlanggehen, kann er uns nicht sehen!"

„Wenn wir uns etwas beeilen, treffen wir ihn noch!" flüsterte Verena und nahm Kai an der Hand.

Dann entdeckten sie ihn ganz plötzlich und blieben wie erstarrt stehen. Er stand vor dem Zigarettenautomat und warf ein paar Geldstücke hinein. Dann zog er eine Schachtel Zigaretten heraus, steckte sich eine an und ging – leise vor sich hinpfeifend – weiter.

„Der Nikolaus sollte eigentlich nicht rauchen!" meinte Verena, als sie ihm vorsichtig folgten.

„Ich habe auch nicht gewußt, daß er es tut!" antwortete Kai nachdenklich. „Aber vielleicht ist es für ihn nicht so gefährlich wie für andere große Leute!"

„Ich rauche mal nie!" stellte Verena fest.

„Ich auch nicht!" pflichtete ihr Kai bei. „Selbst wenn ich einmal Nikolaus sein werde, wenn ich groß bin!"

„Nikolaus kann man nicht werden!" klärte ihn Verena sogleich auf. „Nikolaus ist man von Anfang an!"

„Auch bereits, wenn man so alt ist wie wir?" fragte Kai noch, da blieb Verena plötzlich stehen und zeigte nach vorn.

„Er ist in dieses Haus gegangen!" sagte sie und begann sogleich zu laufen. Kai folgte ihr.

„Da hat er doch noch einen vergessen!" meinte Verena nachdenklich. „Hier kann er doch nicht wohnen. Dann würden ihn alle Leute ja jeden Tag sehen."

Sie zählte die Türklingeln. „Sechs Familien wohnen hier!" sagte sie dann.

„Warten wir halt, bis er wieder herauskommt!" sagte Kai und lehnte sich an den Gartenzaun.

„Besser dort drüben!" rief Verena und zerrte ihn hinter sich her auf die andere Straßenseite. „Er darf uns doch nicht sehen, wenn er herauskommt!"

Schade, hier gab es weder einen Gartenzaun noch sonst etwas, woran man sich ein wenig lehnen konnte. Und die Treppenstufen waren zu kalt, um sich daraufzusetzen.

Im Haus waren fast alle Fenster hell beleuchtet. Nur links im ersten Stock gingen jetzt erst die Lichter an.

„Vielleicht wohnt er doch dort!" sagte Kai nachdenklich.

„Quatsch!" antwortete Verena kurz. „Der Nikolaus wohnt nicht in der Amselstraße. Das hätte ich längst bemerkt!"

„Hier ist schon der Meisenweg!" versuchte es Kai noch einmal.

„Auch nicht im Meisenweg!" Verena schüttelte entschieden den Kopf. „Das hätten uns Sabine und Marion längst erzählt!"

„Wie sollen sie das wissen?" Kai blickte Verena fragend an.

„Sie wohnen hier!"

Da blieb Kai nichts anderes übrig, als ihr zuzustimmen.

Die beiden Kinder warteten lange. Sehr lange. Doch der Nikolaus kam nicht mehr aus dem Haus heraus.

Verena begann sich schon Sorgen zu machen, was zu Hause passieren könnte. Ihre Eltern brauchten ja nur zu Kais Eltern zu gehen oder sie anzurufen und zu sagen, daß Verena jetzt wieder heimkommen sollte.

Auch Kai machte sich Gedanken. Er trippelte aufgeregt von einem Fuß auf den anderen. „Ich muß mal!" sagte er dann und war blitzschnell um die Ecke verschwunden.

Als er zurückkam, wartete Verena immer noch.

„Wir könnten drin mal fragen, ob der Nikolaus da war", schlug sie schließlich vor.

Kai nickte. „Aber du fragst!" sagte er.

„Abwechselnd!" meinte Verena.

„Okay!" Kai gab sich einen Ruck. „Aber du fängst an!" Dann gingen sie Hand in Hand über die Straße.

Sie drückten zuerst auf den untersten Knopf. Automatisch wurde die Haustür geöffnet. So stolperten sie in das Treppenhaus hinein. Eine junge Frau erwartete sie an der Wohnungstür.

„Habt ihr geklingelt?" fragte sie.

Kai und Verena nickten stumm.

„Und was wollt ihr?"

„War der Nikolaus hier?" fragte Verena.

„Heute nachmittag!" lachte die Frau. „Jetzt schläft unser kleiner Alfred schon lange!" Sie blickte die beiden nachdenklich an. „Solltet ihr nicht auch besser nach Hause gehen? Es ist schon ziemlich spät!"

„Wir gehen auch gleich!" sagte Kai schüchtern und war froh, als die Frau die Wohnungstür mit einem freundlichen Nicken schloß.

Verena klingelte bereits an der Tür gegenüber.

„Klaus, komm doch mal her!" rief die Frau in die Wohnung hinein, als Kai sie gefragt hatte. „Hier sucht einer den Nikolaus!"

Ein Mann mit Glatze kam polternd im Unterhemd und in Unterhosen aus einem Zimmer heraus. Er hatte eine geöffnete Bierflasche in der Hand und nahm bereits jetzt wieder einen kräftigen Schluck daraus.

„Er soll mich mal Ostern besuchen!" sagte er und rülpste. „Und mir was Ordentliches mitbringen. Vielleicht ein paar Tausender!"

„Entschuldigung!" brachten Verena und Kai nur heraus. Dann hasteten sie die Treppen hinauf.

Die nächste Tür wurde auf ihr Klingeln gleich gar nicht geöffnet. Aber sie hörten laute Stimmen hinter der Tür. Die Leute stritten miteinander. Da klingelten sie lieber nicht ein zweites Mal.

Am liebsten hätte Kai überhaupt nicht mehr geklingelt. Das machte alles doch keinen richtigen Spaß mehr. Am liebsten wäre er sofort zurück nach Hause gelaufen. Doch Verena hatte bereits die nächste Klingel gedrückt.

„Hier war doch vorhin erst das Licht angegangen!" rief Kai noch, doch da war es bereits zu spät, denn die Tür wurde schon geöffnet.

„Hallo, Verena! Hallo, Kai!"

Das war doch Herr Dreiseitel, den beide seit langem kannten.

„Kommt herein!" Herr Dreiseitel öffnete weit die Wohnungstür und führte sie in sein kleines Appartement. „Ich wohne hier ganz allein!" lachte er, als er bemerkte, daß sich die Kinder erstaunt umsahen. „Sicher sollt ihr mir von euren Eltern etwas bestellen. Fällt etwa morgen unser Musikmachen aus?"

Natürlich, das war es! Herr Dreiseitel war einer von denen, die mit Verenas Vater und Kais Vater einmal in der Woche musizierten. Herr Dreiseitel spielte das Schlagzeug. Er mußte immer mit dem Auto fahren, weil er das große Ding unmöglich schleppen konnte. So fuhr er fast immer bei Verena und Kai vorbei und nahm ihre Väter im Wagen mit.

„Nein!" Kai schüttelte entschieden den Kopf. „Wir sollen nur sagen, daß morgen wieder Probe ist!"

„Und daß Sie wieder ihr Schlagzeug mitbringen sollen!" stimmte Verena ein.

40

Herr Dreiseitel blickte die beiden Kinder einen Augenblick etwas verwirrt an. Dann nickte er. „Natürlich!" sagte er dann. Und noch einmal: „Natürlich!"

Darauf bot er den Kindern ein paar Plätzchen an.

„Greift zu!" bat er. „Ich habe sie heute abend geschenkt bekommen. Sie sind vorzüglich!"

Das ließen sich Verena und Kai nicht zweimal sagen.

„Aber ich lasse euch nicht allein zurückgehen!" sagte Herr Dreiseitel dann und ließ sich nicht davon abbringen, die beiden Kinder wieder nach Hause zu begleiten.

Sie konnten nicht einmal weiter nach dem Nikolaus Ausschau halten. Und eigentlich war ihnen die Lust danach inzwischen auch vergangen.

Herr Dreiseitel brachte sie bis zur Amselstraße. Vor dem Haus, in dem Kai wohnte, verabschiedete er sich von ihnen.

„Ich will noch zur Alten Post auf ein Bier!" sagte er beim Weggehen und zündete sich eine Zigarette an.

„Bis morgen!" flüsterte Verena und huschte hinüber zu ihrer Wohnung.

Als Kai gerade auf den Klingelknopf drücken wollte, stutzte er. Er ließ den Klingelknopf wieder los und dachte lange nach.

Was waren das für Plätzchen gewesen, die ihnen Herr Dreiseitel angeboten hatte? Die Plätzchen kannte er doch. Er hatte doch vorher schon selbst davon gegessen.

Entschlossen drückte er dann auf die Klingel. Als ihm seine große Schwester öffnete, stürzte er ins Wohnzimmer zu seinem Nikolausteller.

Tatsächlich! Die gleichen Plätzchen hatte ihnen Herr Dreiseitel angeboten.

Schade, daß es bis morgen so lange dauerte. Denn über diese Plätzchen und noch mehr mußte er morgen unbedingt mit Verena sprechen.

Du lieber, guter Nikolaus

Text: Rolf Krenzer, Melodie: Martin Göth
© Verlag Ernst Kaufmann. Vervielfältigung nur mit Genehmigung.

Refrain: Du lie - ber, gu - ter Ni - ko - laus, wann
kommst du denn zu mir? Wann kommst du nur zu
mir nach Haus und rum - pelst bum, bum, bum,
rum - pelst an der Tür? Und rum - pelst bum, bum, bum,
rum - pelst an der Tür? 1. Ach, Ni - ko - laus, sag: Kommst du
bald? Ist denn dein Weg so weit? Du bist doch
nicht im Win - ter - wald am En - de ein - ge - schneit.

Refrain:
Du lieber, guter Nikolaus…

2. Die Mutti hat dich schon um drei
   beim Weihnachtsmarkt gesehn.
   Warum kommst du jetzt nicht herbei?
   Ich kann das nicht verstehn!

   Refrain:
   Du lieber, guter Nikolaus…

3. Der Vati sah dich gegen vier
   mit deiner schweren Last.
   Jetzt frag' ich mich, ob du mich hier
   vielleicht vergessen hast?

   Refrain:
   Du lieber, guter Nikolaus…

4. Wer kommt denn da jetzt mit Geschnauf?
   Hurra! Ja, er ist hier
   und steigt zu uns die Treppe 'rauf
   und kommt direkt zu mir!

   Schluß-Refrain:
   Du lieber, guter Nikolaus,
   jetzt bist du endlich hier.
   Ja, du kommst heut zu mir nach Haus'
   und rumpelst
   bum bum bum,
   rumpelst an der Tür.
   Und rumpelst
   bum bum bum
   rumpelst an der Tür.

Nikolaus, komm zu mir nach Haus

Nikolaus, Nikolaus,
komm zu mir nach Haus.
Schau' so lang schon nach dir aus,
halt' es nicht mehr länger aus.
Nikolaus, Nikolaus,
komm zu mir nach Haus.

Nikolaus, Nikolaus,
komm zu mir nach Haus.
Stelle meine Schuh' heraus!
Findest du auch unser Haus?
Nikolaus, Nikolaus,
komm zu mir nach Haus.

Nikolaus, Nikolaus,
komm zu mir nach Haus.
Sag, hast du an mich gedacht
und mir etwas mitgebracht?
Nikolaus, Nikolaus,
komm zu mir nach Haus.

Nikolaus, besuch uns heute!

„Nikolaus, besuch uns heute!"
bitten alle kleinen Leute.
„Haben auch ein Lied probiert,
extra für dich einstudiert.
Obendrein noch ein Gedicht!
Nikolaus, vergiß uns nicht!"

Die kleine Mama Maria

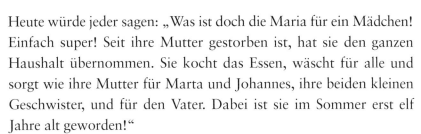

Eine Nikolauslegende

Heute würde jeder sagen: „Was ist doch die Maria für ein Mädchen! Einfach super! Seit ihre Mutter gestorben ist, hat sie den ganzen Haushalt übernommen. Sie kocht das Essen, wäscht für alle und sorgt wie ihre Mutter für Marta und Johannes, ihre beiden kleinen Geschwister, und für den Vater. Dabei ist sie im Sommer erst elf Jahre alt geworden!"

Und ein anderer würde vielleicht ungläubig den Kopf schütteln und das Jugendamt benachrichtigen wollen. „Da muß sofort jemand kommen und sich um das Mädchen kümmern! Es ist doch noch ein Kind und viel zu jung für so viel Arbeit und Verantwortung!"

Damals aber, als Marias Mutter starb, gab es kein Jugendamt und keinen Menschen, der sich um Maria gekümmert hätte.

Den Kindern ging es zu dieser Zeit schlecht. Viele mußten wie die Erwachsenen arbeiten, sobald sie nur kräftig genug dazu waren. Auch als die Mutter noch lebte, hatten alle drei Kinder fest mitanpacken müssen, damit es für das Notwendigste zum Leben reichte. Der Vater brachte nicht viel heim. Von dem, was er verdiente, konnte sie nicht leben.

Als das vierte Kind geboren werden sollte, starb Marias Mutter. Da fing das Elend erst richtig an. Damals sind viele Frauen gestorben, wenn wieder ein Kind geboren werden sollte. Und das Kind dazu.

Von einem Tag zum anderen wurde Maria zur Mama Maria. Sie mußte alle Arbeiten ihrer Mutter übernehmen, und dazu die Sorge für die beiden Geschwister. So ging es vielen Kindern, die die Ältesten waren, und kein Mensch fragte weiter danach. Nach Mädchen fragte man sowieso nicht viel.

„Mama Maria!" riefen Marta und Johannes ihr vom Morgen bis zum Abend nach. Und die kleine Mama Maria tat alles, was man von ihr verlangte.

Aber eines Tages wurde der Vater krank. Mit hohem Fieber lag er in der Kammer auf dem Strohsack. Da wußte auch die kleine Mama Maria nicht mehr weiter. Sie brauchte das wenige Geld und die Lebensmittel, die sie noch hatten, auf. Dann ging sie mit ihren Geschwistern zum Betteln auf die Straße. Jetzt gehörten sie zu den Allerärmsten in der Stadt. Es gab viele Kinder, die betteln gehen mußten. Da kriegte am Ende keiner genug.

Marta und Johannes weinten oft vor Hunger, und der Vater wälzte sich auf seinem Strohsack hin und her. Maria wischte ihm den Schweiß von der Stirn und hielt die beiden kleinen Geschwister im Arm, bis sie sich in den Schlaf geweint hatten. Sie selbst konnte nicht mehr weinen. Ihre Augen waren leer und brannten.

In den letzten Nächten hatte es gefroren. Bald würde der kalte Winter einziehen, und sie hatten nichts Warmes zum Anziehen, um sich vor der Kälte zu schützen. Die paar Decken in der Kammer, in die sie sich zum Schlafen wickelten, waren ihr einziger Schutz.

Einmal, als es endlich still in der Kammer geworden war und auch der Vater ruhig schlief, hörte Maria ein seltsames Kratzen und Scharren vor der Tür. Sie hielt vor Schreck den Atem an, als auf einmal jemand von außen fest an die Tür klopfte.

Die Kleinen schreckten hoch. „Was war das?" fragten sie. Und auch der Vater versuchte, sich aufzusetzen.

Das helle Mondlicht fiel in die Kammer. Da wagte es Maria, ganz vorsichtig zur Tür zu gehen und sie zu öffen. Ein riesiger Sack stand auf der Schwelle.

„Kommt! Helft mir!" rief Maria. Gemeinsam schleppten sie den Sack ins Zimmer und öffneten ihn.

Dann wurde es plötzlich vor lauter Jubel laut in der Kammer. Es war kaum zu glauben, was da alles aus dem Sack herauskam!

Ein paar Laibe Brot und ein Stück Schinken und Käse und Äpfel und etwas, von dem alle bisher nur geträumt hatten: Für jeden ein Ei.

Da aßen sie sich rundherum satt und freuten sich über all die Köstlichkeiten, die ihnen besser schmeckten als alles, was sie vorher gegessen hatten. Und es würde ihnen noch für lange Zeit reichen.

An diesem Abend falteten alle die Hände und dankten Gott für alles, was sie bekommen hatten.

„Zeige uns den Mann oder die Frau, die uns das alles geschenkt haben", betete die kleine Mama Maria zum Schluß, „damit wir uns bedanken können!"

Am nächsten Abend klopfte es wieder, und ein weiterer Sack stand vor der Tür.

Und als sie ihn öffneten, da war er bis oben voller Kleider, Hemden und Hosen, dicken Wolljacken und Mäntel. Für jeden war etwas dabei.

War es das Essen? War es die unverhoffte Freude? Der Vater jedenfalls konnte an diesen Abend zum erstenmal vom Strohsack aufstehen.

„Vielleicht wird es ja bald wieder mit mir!" sagte er und strich der kleinen Mama Maria übers Haar.

Am dritten Abend schliefen die Kinder tief und fest. Der Vater aber lag noch wach und lauschte auf alle Geräusche draußen.

Da hörte er plötzlich Schritte. Jemand blieb vor der Tür stehen. Der Vater wartete auf das vertraute Klopfen.

Doch heute klopfte keiner.

Da hielt der Vater es nicht mehr im Bett aus. Er griff nach seinem Mantel, hängte ihn sich um und ging zur Tür.

Er sah gerade noch einen Mann, der sich eilig entfernte. Er ging ihm hinterher und rief: „Bitte, halt an, guter Mann! Halt an, damit ich dir danken kann!"

Da blieb der Fremde stehen, wandte sich zu ihm um, und der Vater erkannte, daß es kein anderer als der Bischof war. Bischof Nikolaus, von dessen guten Werken man überall erzählte.

„Da ist der Mann noch krank und schwach", sagte der Bischof und kam langsam zurück, „und rennt hinter mir her. Und Gedichte macht er obendrein noch über mich!"

„Verzeih mir!" antwortete der Vater verlegen. „Ich wollte dir nur für alles danken."

„Gut gedichtet hast du trotzdem!" schmunzelte der Bischof. „Und neugierig warst du auch!" Er legte ihm die Hand auf die Schulter, und der Vater nickte.

„Wer schon wieder neugierig ist, der wird auch bald gesund!" sagte darauf der Bischof. „Jetzt geh heim und leg dich wieder hin. Wenn du wieder arbeiten kannst, dann geht es euch auch zu Hause besser und ihr braucht meine Hilfe nicht mehr! Aber da ist noch etwas, das ich dir sagen möchte: Laß deine kleine Maria nicht zuviel arbeiten! Sie ist doch erst elf Jahre alt und noch ein Kind!"

Dann reichte er dem Vater die Hand und ging davon.

Der Vater stand da und sah ihm nach, bis er im Dunkeln verschwunden war.

Als er nach Hause kam, waren seine Kinder wach geworden und hatten den dritten Sack bereits entdeckt, hereingeholt und ausgeleert. Schuhe hatten sie darin gefunden. Schuhe für alle. Und in den Schuhen steckten saftige Äpfel und gedorrte Pflaumen und Feigen. Und Spielzeug für die Kleinen und kleine Geschenke für Maria und ihren Vater.

An diesem Abend gab es noch viel zu fragen und zu erzählen.

Am Ende dankten sie alle Gott dafür, daß er den Bischof Nikolaus dreimal zu ihnen geschickt hatte und es ihrem Vater bereits viel, viel besser ging. Vielleicht könnte er bereits in der nächsten Woche wieder zur Arbeit gehen. Dann wäre endlich auch die schlimmste Not zu Ende.

Vielleicht haben viele Leute die Geschichte von der kleinen Mama Maria noch nie gehört oder vergessen. An die Sache mit dem Sack aber, den Schuhen vor der Tür und den vielen kleinen Überraschungen darin erinnern wir uns jedes Jahr am Nikolaustag.

Wann kommt der Nikolaus zu mir?

Ein Spiel im Kreis

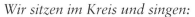

Wir sitzen im Kreis und singen:
> Du lieber, guter Nikolaus,
> wann kommst du denn zu mir?
> Wann kommst du nur zu mir nach Haus
> und rumpelst
> bum, bum, bum,
> rumpelst an der Tür?
> Und rumpelst
> bum, bum, bum,
> rumpelst an der Tür?
> *(Refrain des Liedes Seite 42)*

Der Nikolaus geht zu unserm Singen einmal oder mehrmals außen um den Sitzkreis herum und tritt dann in den Kreis hinein.

Wir sprechen:
> Nikolaus, tritt herein!
> Komm in unser Haus hinein.
> Wir woll'n so gern bei dir sein!

Der Nikolaus geht langsam im Kreis herum und fragt:
> Wer will heute bei mir sein?

Ein Kind sagt:
> Ich will so gern bei dir sein!

Der Nikolaus antwortet:
> Zu dir komm' ich gern herein!

Der Nikolaus geht zu dem Kind, gibt ihm die Hand, streichelt es, nimmt es auf den Arm, spricht mit ihm, tanzt mit ihm...usw. Bei

50

jedem Kind macht er etwas anderes und versucht, das zu tun, was das Kind besonders gern hat.

Dazu singen wir alle:
> Du lieber, guter Nikolaus,
> ja, heut kommst du zu mir!
> Du lieber, guter Nikolaus,
> ja, jetzt bist du bei mir!
> *(Zweimal die beiden ersten Zeilen der Melodie)*

Dann geht der Nikolaus wieder in die Mitte des Kreises.

Wir sprechen:
> Nikolaus, tritt herein!
> Komm in unser Haus herein.
> Wir woll'n so gern bei dir sein!

Der Nikolaus geht langsam im Kreis herum und fragt:
> Wer will heute bei mir sein?

Ein Kind sagt:
> Ich will so gern bei dir sein!

Der Nikolaus antwortet:
> Zu dir komm' ich gern herein!

Der Nikolaus geht zu dem nächsten Kind, gibt ihm die Hand, tanzt mit ihm…usw.
Bei jedem Kind macht er etwas anderes usw.

Dazu singen wir alle:
> Du lieber, guter Nikolaus,
> ja, heut kommst du zu mir!
> Du lieber, guter Nikolaus,
> ja, jetzt bist du bei mir!
> *(Zweimal die beiden ersten Zeilen der Melodie)*

Dann geht der Nikolaus wieder in die Mitte des Kreises.
Wenn der Nikolaus bei allen Kindern war, verabschiedet er sich und
geht davon.

Wir winken ihm nach und singen:

Du lieber, guter Nikolaus,
ja, heut warst du bei mir.
Und kommst du wieder in dies Haus,
dann rumpel
bum, bum, bum,
rumpel an der Tür!
Und rumpel
bum, bum, bum,
rumpel an der Tür!
(Refrain des Liedes Seite 42)

Angst vor dem Nikolaus?

Text: Rolf Krenzer, Melodie: Martin Göth
© Verlag Ernst Kaufmann. Vervielfältigung nur mit Genehmigung.

1. Kennt ihr den klei - nen Flo - ri - an? Der
denkt sich et - was aus und zieht sich ei - nen
Man - tel an, grad wie der Ni - ko - laus. Es

kommt ihm so in sei - nen Sinn, drum singt er lei - se

vor sich hin. *Refrain:* Paßt auf, ihr

Leut', paßt auf, denn heut kommt

gleich der Ni - ko - laus. Dann

wer-det ihr er - schrek-ken und wer-det euch ver-

stek-ken vor Angst im gan - zen Haus.

Ho - ho! Ha - ha! Aus

Angst vorm Ni - ko - laus.

2. Das war der kleine Florian.
   Der denkt sich etwas aus
   und zieht sich große Stiefel an,
   grad wie der Nikolaus.
   Es kommt ihm so in seinen Sinn,
   drum singt er leise vor sich hin:

   Refrain:
   Paßt auf, ihr Leut',
   paßt auf, denn heut
   kommt gleich der Nikolaus.
   Dann werdet ihr erschrecken
   und werdet euch verstecken
   vor Angst im ganzen Haus.
   Hoho! Haha! Aus Angst vorm Nikolaus.

3. Dann bindet sich der Florian
   die Maske vors Gesicht.
   Dahinter, denkt er freudig dann,
   erkennt man mich doch nicht!
   Es kommt ihm so in seinen Sinn,
   drum singt er leise vor sich hin:

   Refrain:
   Paßt auf, ihr Leut',…

4. Den Stock braucht noch der Nikolaus,
   die Mütze und den Sack.
   Paßt auf, bald treibt er hier im Haus
   nun seinen Schabernack.
   Es kommt ihm so in seinen Sinn,
   drum singt er leise vor sich hin:

Refrain:
Paßt auf, ihr Leut',…

5. Auf einmal schreit er voller Graus
   und brüllt vor Angst: „Huhu!"
   Denn vor ihm steht ein Nikolaus
   und kommt stracks auf ihn zu.
   Ein kleiner Nikolaus, ein Mann
   nicht größer als der Florian.

   Refrain:
   Oh, Florian!
   Schau ihn dir an!
   Was sagst du nun dazu?
   Er kann dich nicht erschrecken!
   Kannst du's denn nicht entdecken.
   Er sieht doch aus wie du!
   Hoho! Haha!
   Der Nikolaus bist du!!

6. Im Spiegel hast du dich entdeckt!
   Oh, Florian, verzeih!
   Dein Spiegelbild hat dich erschreckt.
   Und deshalb dein Geschrei!
   Mein Nikolaus, mein Florian,
   du bist ein rechter Weihnachtsmann.

   Refrain:
   Oh, Florian!
   Schau ihn dir an!
   Was sagst du nun dazu?…

7. Kennt ihr den kleinen Florian?
   Er zieht schnell alles aus
   und wartet wie die andern dann
   auch auf den Nikolaus,
   den richtigen Nikolaus,
   den richtigen Nikolaus!
   Und kommt's ihm so in seinen Sinn,
   drum singt er leise vor sich hin:

   Refrain:
   Paßt auf, ihr Leut',…

ÖFFNE NUR EIN FENSTERCHEN

Der erste Schnee

Gestern dacht' ich noch: O weh,
dieses Jahr gibt's keinen Schnee!
Schau ich heut zum Fenster 'raus,
sieht die Welt verzaubert aus.
Über Nacht ist Schnee gefallen.
Weckt die Kinder! Sagt es allen!
Endlich ist es jetzt soweit!
Kommt heraus! Es hat geschneit!

Endlich!

Wer hätte das gedacht:
Der Schnee kam über Nacht!
Da freu'n sich alle Kinder,
denn jetzt ist's endlich Winter!

Ach, Mutti, wann ist es soweit?

Ach, Mutti, wann ist es soweit?
      Iß erst mal dein Frühstück!
      Es ist noch viel Zeit!

Ach, Mutti, ist es jetzt soweit?
      Spiel noch ein bißchen!
      Es ist noch viel Zeit!

Ach, Mutti, ist es jetzt soweit?
      Erst noch das Süppchen!
      Es ist noch viel Zeit!

Ach, Mutti, ist es jetzt soweit?
      Mach noch ein Schläfchen!
      Es ist noch viel Zeit!

Ach, Mutti, ist es jetzt soweit?
      Es ist noch nicht dunkel!
      Es ist noch viel Zeit!

Ach, Mutti, ist es jetzt soweit?
      Sag, hörst du das Glöckchen?
      Jetzt ist es soweit!

Öffne nur ein Fensterchen

Adventskalenderlied

Text: Rolf Krenzer, Melodie: Martin Göth
© Verlag Ernst Kaufmann. Vervielfältigung nur mit Genehmigung.

Refrain: Öff - ne nur ein Fen - ster - chen und freu - e dich, denn dann bist du schon et - was nä - her, ei - nen Tag schon nä - her an Weih - nach - ten dran. 1. Schau, der Ad - vents - ka - len - der war - tet am Mor - gen auf dich. Und es wünscht sich je - des Fen - ster: Komm und öff - ne mich!

Und du öff - nest es schnell, und du sagst: Schau

an! Und mor - gen, ja, mor - gen ist

schon das näch - ste dran.

Refrain:

Öffne nur ein Fensterchen
und freue dich, denn dann
bist du schon etwas näher,
einen Tag schon näher
an Weihnachten dran.

2. Jeder Adventskalender
   wartet am Morgen auf dich.
   Und er hat vierundzwanzig Fenster.
   Jedes erwartet dich.
   Und du öffnest eins schnell,
   und du sagst: Schau an!
   Und morgen, ja, morgen
   ist schon das nächste dran.

Refrain:

Öffne nur ein Fensterchen…

3. Schau, am Adventskalender
   sind alle Fensterchen auf.
   Nur die Tür ist noch zugeschlossen
   und wartet jetzt darauf.
   Und du öffnest sie schnell,
   und du sagst: Schau an!
   Denn heute, ja, heute
   ist Heilig' Abend dran.
   [oder: ist der Weihnachtsabend dran]

Zwei Puppen

Als Christels Eltern Anfang Dezember einmal ganz weit verreisen wollten, da brachten Christel und Oma und Opa sie mit dem Auto zum Flugplatz. Wenn Mama und Papa weit weg in Japan waren, dann blieben Oma und Opa bei Christel zu Hause. Und wenn Oma und Opa zu Hause bei Christel waren, dann war es fast so, als ob die Eltern da wären. Anders schon, aber fast so.

„Was sollen wir dir mitbringen?" fragte Papa, als er sich von Christel verabschiedete.

„Zwei Puppen!" sagte Christel.

„Aber du hast doch schon so viele Puppen!" meinte Mama. „Eine Puppe reicht doch sicher!"

„Zwei Puppen!" sagte Christel fest. „Zwei richtige japanische Puppen!"

„Nein, solche Puppen hat sie noch nicht!" sagte Papa zu Mama und nickte Christel zu.

Da wußte sie, die Eltern würden sich darum kümmern. Sie konnte sich darauf verlassen.

Und als Christel dann hinter Oma und Opa im Auto saß und nach Hause fuhr, da mußte sie immer wieder daran denken, daß ihre Eltern jetzt bereits im Flugzeug saßen und viele Stunden lang fliegen würden.

„Aber sie bringen mir zwei japanische Puppen mit!" sagte sie glücklich und lehnte sich in die weichen Polster des Autos zurück.

Als Christel dann in den Kindergarten ging, erzählte sie ihrer besten Freundin Shen, daß Mama und Papa mit dem Flugzeug verreist waren. Doch von den beiden Puppen, die sie sich gewünscht hatte, sagte sie kein Sterbenswörtchen.

Shens Eltern hatten früher in Vietnam gelebt. Das war in Asien. Und Japan gehörte auch zu Asien. Das wußte Christel, denn Mutti und Vati hatten es ihr immer wieder erklärt. Japan war weit weg von Vietnam. Aber die Leute in Vietnam und Japan sehen sich ähnlich. Das sagten Mama und Papa.

Shen beklagte sich manchmal, daß keine einzige Puppe hier in Manderbach aussah wie ein Kind in Vietnam. Die Puppen, die die Kinder in Manderbach hatten und die sie mit in den Kindergarten brachten, sahen aus wie die Kinder aus Manderbach oder Frohnhausen. Aber nicht wie die Kinder aus Saigon. Aus Saigon waren Shens Eltern nach Deutschland gekommen.

„Ich hatte einmal eine japanische Puppe!" hatte Eva ihr erzählt. „Aber sie ist leider schon lange kaputt!"

Schade! Shen hätte die Puppe so gern wenigstens einmal angesehen.

„Wenn meine Eltern kommen, gibt es eine Riesenüberraschung!" sagte Christel zu Shen.

Und weil Shen sie fragend ansah, fügte sie hinzu: „Eine Überraschung für dich und für mich!"

Nein, mehr verriet Christel nicht.

Aber sie mußte immer daran denken, wie Shen staunen würde, wenn sie ihr die japanische Puppe schenken würde.

Dann könnten sie zusammen mit Puppen spielen, die nicht aussahen wie Kinder in Manderbach und Frohnhausen, sondern wie Kinder in Japan oder Vietnam.

Christel konnte es kaum erwarten, bis ihre Eltern wieder da waren. Dann würden sie beide eine japanische Puppe haben, Shen und Christel.

Und wie schön könnten sie damit zusammen spielen.

Philipps Kopfkissen

Ganz zufällig entdeckte Philipp eines Abends, daß er mit seinem Kopfkissen fliegen konnte. Er mußte nur den dritten Knopf von rechts nach links drehen, und schon begann das Kopfkissen ganz leise zu summen und zu vibrieren. Und wenn Philipp genau hinsah, konnte er beobachten, daß sein Kissen ganz leicht in einem zarten Grün zu leuchten anfing. Es hob sich etwa einen Zentimeter hoch und schwebte dann über dem Laken hin und her. Philipp versuchte, sich schnell auf das Kissen zu setzen. Da hielt es still und bewegte sich keinen Zentimeter mehr von der Stelle.

Philipp überlegte, was er tun sollte. Er drehte wieder an dem dritten Knopf. Nichts geschah. Auch bei den übrigen Knöpfen hatte er keinen Erfolg. Aber als er dann völlig unabsichtlich auch noch sein linkes Bein auf das Kissen zog, da ruckte es ein kleines bißchen an.

„Aha!" sagte Philipp leise und zog auch noch das andere Bein auf
das Kissen. Jetzt ragte nichts mehr von ihm über den Kissenrand
hinaus. Selbst seine beiden vorwitzigen großen Zehen lagen ganz
still. Philipp saß im Schneidersitz da und wartete. Da begann das
Kissen wieder ganz leise zu summen und zart zu vibrieren und
schwebte bald mit Philipp über dem Bett, dann im Zimmer umher
und bald darauf durch das Fenster in die Nacht hinaus.

Das ging alles so schnell, daß Philipp noch nicht einmal dazu kam,
sich zu wundern. Auch Angst hatte er nicht. Das Kissen schwebte so
zart dahin, brummelte leise und beruhigend und leuchtete immer
noch in dem traumhaft schönen Grün, daß Philipp sich wie verzaubert vorkam.

„Wohin fliegen wir?" fragte er nach einer Weile. Das Kissen gab
keine Antwort. Zum Sprechen war es nicht eingerichtet.

„Schon gut!" lachte Philipp leise und streichelte das Kissen ganz
behutsam mit beiden Händen. Da strahlte es noch ein bißchen grü-
ner und vibrierte noch ein wenig mehr, so daß Philipp merkte, wie
gut ihm sein Streicheln tat.

Sie hatten nun die kleine Stadt mit dem Haus in der Amselstraße
weit hinter sich gelassen und flogen über verschneite Wälder und
Felder. Immer höher ging es hinauf. Bald konnte Philipp unzählig
viele Lichter unter sich erblicken. Das mußte eine riesig große Stadt
sein, vielleicht Hamburg oder Berlin. Doch die Lichter über ihm
leuchteten noch viel heller und schöner. Und das waren die Sterne,
denen Philipp auf seinem leuchtenden Kissen immer näher kam.

Jetzt sausten doch wirklich schon die ersten Sternschnuppen an ihm
vorbei. Philipp bückte sich vor Schreck. Bald jedoch merkte er, daß
sie es nicht auf ihn abgesehen hatten, sondern ihm schnell mit einem
freundlichen Blinken auswichen, wenn sie auf ihn zukamen.

„Hallo, Sternschnuppe!" rief Philipp ihnen zu. Er winkte mit beiden
Händen, und das Kopfkissen unter ihm summte noch zufriedener
und leuchtete noch stärker. Es war nun so grün, daß man es vor

Freude kaum noch aushalten konnte, wenn man es nur anschaute. Philipp fühlte sich inzwischen auf dem Kissen so sicher, daß er sich nicht einmal mehr festzuhalten brauchte.

Doch dann verlangsamte das Kissen plötzlich seine Fahrt und flog direkt auf einen strahlend hellen Stern zu, der immer größer wurde, je näher ihm Philipp kam. Und als er auf dem Stern auch noch einen Mann in einem roten Mantel entdeckte, da wußte er, daß es kein anderer Stern als der Weihnachtsstern sein konnte.

Das Kissen landete ganz weich und sanft mitten auf dem Weihnachtsstern. Da kam der Weihnachtsmann mit seinem weißen Bart und dem roten Mantel mit der roten Mütze auf ihn zu.

„Hallo, Philipp!" brummte er mit seiner tiefen Stimme, die Philipp gleich an seinen großen Teddybären erinnerte.

„Hallo, Weihnachtsmann!" rief Philipp und fürchtete sich kein bißchen. Er streichelte noch einmal ganz lieb das Kissen, sprang auf und stand mit einem Satz vor dem Weihnachtsmann.

„Du kennst mich also bereits?" fragte der Weihnachtsmann freundlich.

Philipp nickte. „Aus meinem Bilderbuch!"

„Aha!" sagte der Weihnachtsmann. „Dann komm jetzt mal mit!" Er packte Philipp an der Hand und ging mit großen Schritten los.

„Viel Zeit haben wir leider nicht!" brummte er, und Philipp hatte große Mühe, mit ihm Schritt zu halten.

„Zuerst trinken wir meine berühmte Weihnachtsschokolade!" sagte der Weihnachtsmann, als sie an einem Café ankamen, in dem ein pausbackiges Engelmädchen bereits auf sie wartete.

„Einmal heiße Weihnachtsschokolade mit Sahne!" bestellte der Weihnachtsmann. „Und für mich einen Kaffee. Von der vielen Schokolade wird mir vor Weihnachten immer ganz übel!"

Eine so gute Schokolade hatte Philipp in seinem ganzen Leben noch nicht getrunken. Nicht einmal bei Oma, die die beste Schokolade kochen konnte, die er bisher kannte.

„Jetzt gehen wir einmal zum Weihnachtslager!" sagte der Nikolaus dann und führte Philipp in ein riesiges Warenhaus hinein, das bis obenhin mit Weihnachtsgeschenken vollgepackt war.

Es war genau das Weihnachtswarenhaus, das Philipp auch schon aus seinem Bilderbuch kannte. Und die Weihnachtszwerge waren genau wie auf dem Bild in seinem Buch überall fleißig beim Sortieren, Suchen und Verpacken.

„Ja, ja, die Weihnachtszwerge!" brummte der Weihnachtsmann anerkennend. „Vom Frühling bis fast in den Winter hinein müssen sie in den Gärten der Menschen nach dem Rechten sehen."

„Die Gartenzwerge?" fragte Philipp ganz erstaunt.

„Nach dem Martinstag, allerspätestens, wenn's zum erstenmal richtig friert, kommen sie hoch zu mir!" sagte der Weihnachtsmann und lächelte. „Das hättest du nicht gedacht?"

Keine blasse Ahnung hatte Philipp gehabt. Und er brauchte eine ganze Weile, bis er das richtig kapiert hatte. „Sind unsere Gartenzwerge auch dabei?" fragte er dann.

„Natürlich!" Der Weihnachtsmann nickte und zeigte auf drei Gartenzwerge, die an einem Fließband arbeiteten.

Ja, Philipp erkannte sie gleich wieder.

„Aber was macht der eine mit dem Schubkarren denn hier?" fragte er schließlich. „Warum hat der andere sogar seine Angel mit?"

Der Weihnachtsmann schüttelte den Kopf. Wie konnte man nur so dumm daherfragen!

„Der Schubkarren-Anton transportiert die großen Geschenke, die nicht auf das Fließband passen!" erklärte er dann. „Und der Angel-Hugo angelt alle überflüssigen Geschenke heraus und legt sie zur Seite!"

„Und was macht der Zwerg mit der Laterne?" fragte Philipp noch.

„Er läßt seine Laterne ganz besonders hell leuchten, wenn ein Geschenk dabei ist, was am Weihnachtsabend unten auf der Erde einem Kind besonders große Freude macht!"

„Ein ganz teures Geschenk!" Philipp nickte zustimmend.

„Nein! Überhaupt nicht!" brummte da der Weihnachtsmann ein wenig unwirsch. „Man merkt, daß du hier nicht zu Hause bist!" Dann wurde er aber gleich wieder freundlich.

„Das kannst du gar nicht wissen!" sagte er dann. „Es ist ein Geschenk, das mit sehr viel Liebe ausgesucht wurde. Mit Geld hat das gar nichts zu tun. Nein, auf das Geld kommt es dabei nicht an. Es kann ein Geschenk sein, daß zum Beispiel überhaupt nichts kostet!"

„Und mit Geld nicht zu bezahlen ist!" fügte Philipp hinzu.

Da nickte der Weihnachtsmann und klopfte ihm anerkennend auf den Rücken.

„Jetzt hast du es verstanden!" sagte er, und dann winkten sie den drei Zwergen zu, die kurz zurückwinkten, sich aber nicht weiter bei ihrer Arbeit stören ließen.

„Das hätte ich nie gedacht, daß unsere drei hier oben bei dir sind!" meinte Philipp, als sie weitergingen, und war richtig stolz auf sie.

„Ihr müßtet dort unten mehr Mädchen und Frauen haben!" brummte der Weihnachtsmann. „Viel zuviel Männer habt ihr. Alles Zwergenmänner! Und ich könnte hier oben gerade noch mehr Zwergenfrauen und Zwergenmädchen gebrauchen!"

„Ich will mich darum kümmern!" antwortete Philipp und nahm sich fest vor, mit seinen Eltern darüber zu reden. Drei oder vier Gartenzwergmädchen hatten bestimmt in ihrem Garten auch noch Platz.

Doch dann entdeckte Philipp etwas, was er noch nie in seinem Leben gesehen hatte: Ein großes buntes Rohr, in das man hineingucken konnte und die schönsten Muster und Träume in allen Farben sah. Philipp konnte sich nicht sattsehen.

„Das ist schöner als Fernsehen!" flüsterte er begeistert. „Viel, viel schöner als die Sachen im Werbefernsehen!"

„Ein Kaleidoskop!" sagte der Weihnachtsmann leise. „Ein Kaleidoskop!"

68

Das klang genauso schön wie das zauberhafte Ding selbst. Philipp konnte sich kaum davon trennen.

„Nein!" sagte der Weihnachtsmann. „Du kannst es nicht mitnehmen!"

Und als er sah, wie traurig Philipp auf einmal war, fügte er hinzu: „Aber wünschen kannst du es dir!"

„Zu Weihnachten?" fragte Philipp zaghaft. Und als der Weihnachtsmann ihm freundlich zunickte, fragte er gleich noch einmal: „Wie heißt es?"

„Kaleidoskop!" sagte der Weihnachtsmann. „Aber nun komm! Dein Kissen wartet schon!"

Als Philipp am nächsten Morgen aufwachte, fragte er zuallererst, ob der Weihnachtsmann oder das Christkind vielleicht seinen Wunschzettel schon abgeholt hätten.

Seine Mutter schüttelte lächelnd den Kopf und gab ihn Philipp noch einmal.

Und Philipp?

Er strich alle Wünsche, die auf dem Wunschzettel standen, durch und sagte: „Bitte, Mutti, schreib Kaleidoskop auf. Nur Kaleidoskop!"

„Woher kennst du das denn?" fragte seine Mutter.

„Einfach so!" sagte Philipp leise und mußte daran denken, daß jetzt sein Gartenzwerg oben auf dem Weihnachtsstern seine kleine Laterne ganz hell aufleuchten ließ, wenn er seinen allergrößten Weihnachtswunsch hörte.

Dorothea und Rolf Krenzer

Carolina Ofenblech

Text: Rolf Krenzer, Melodie: Martin Göth
© Verlag Ernst Kaufmann. Vervielfältigung nur mit Genehmigung.

1. Ca - ro - li - na O - fen - blech, sag,

backst du wie - der Plätz - chen? Ca - ro - li - na

O - fen - blech, sag, wel - che gibt es heut? Was

ist heut für ein Tag? Ja, heut ist Mon - tag!

Mon - tag gibt es Aus - stech - plätz - chen für die Schlin - gel,

für die Schätz-chen. Mon - tag gibt es Aus - stech - plätz - chen.

Greift nur zu, ihr Leut'!

2. Carolina Ofenblech,
   sag, backst du wieder Plätzchen?
   Carolina Ofenblech,
   sag, welche gibt es heut?
   Was ist heut für ein Tag?
   Ja, heut ist Dienstag!
   Dienstag gibt's Zitronenplätzchen
   für die Schlingel, für die Schätzchen!
   Montag gibt es Ausstechplätzchen.
   Dienstag gibt's Zitronenplätzchen.
   Greift nur zu, ihr Leut'!

3. Carolina Ofenblech,
   sag, backst du wieder Plätzchen?
   Carolina Ofenblech,
   sag, welche gibt es heut?
   Was ist heut für ein Tag?
   Ja, heut ist Mittwoch!
   Mittwoch gibt's Rosinenplätzchen
   für die Schlingel, für die Schätzchen!
   Montag gibt es Ausstechplätzchen.
   Dienstag gibt's Zitronenplätzchen.
   Mittwoch gibt's Rosinenplätzchen.
   Greift nur zu, ihr Leut'!

4. Carolina Ofenblech,
   sag, backst du wieder Plätzchen?
   Carolina Ofenblech,
   sag, welche gibt es heut?
   Was ist heut für ein Tag?
   Ja, heut ist Donnerstag!
   Donnerstag gibt's Weihnachtskringel

71

für die Schätzchen, für die Schlingel!
Montag gibt es Ausstechplätzchen.
Dienstag gibt's Zitronenplätzchen.
Mittwoch gibt's Rosinenplätzchen.
Donnerstag gibt's Weihnachtskringel.
Greift nur zu, ihr Leut'!

5. Carolina Ofenblech,
   sag, backst du wieder Plätzchen?
   Carolina Ofenblech,
   sag, welche gibt es heut?
   Was ist heut für ein Tag?
   Ja, heut ist Freitag!
   Freitag gibt es Schokoplätzchen
   für die Schlingel, für die Schätzchen!
   Montag gibt es Ausstechplätzchen.
   Dienstag gibt's Zitronenplätzchen.
   Mittwoch gibt's Rosinenplätzchen.
   Donnerstag gibt's Weihnachtskringel.
   Freitag Schokoladenplätzchen.
   Greift nur zu, ihr Leut'!

6. Carolina Ofenblech,
   sag, backst du wieder Plätzchen?
   Carolina Ofenblech,
   sag, welche gibt es heut?
   Was ist heut für ein Tag?
   Ja, heut ist Samstag!
   Samstag gibt's Vanilleplätzchen
   für die Schlingel, für die Schätzchen!
   Montag gibt es Ausstechplätzchen.
   Dienstag gibt's Zitronenplätzchen.

Mittwoch gibt's Rosinenplätzchen.
Donnerstag gibt's Weihnachtskringel.
Freitag Schokoladenplätzchen.
Samstag gibt's Vanilleplätzchen.
Greift nur zu, ihr Leut'!

7. Carolina Ofenblech,
   sag, backst du wieder Plätzchen?
   Carolina Ofenblech,
   sag, welche gibt es heut?
   Was ist heut für ein Tag?
   Ja, heut ist Sonntag!
   Sonntag gibt es keine Plätzchen!
   Alle Schlingel, alle Schätzchen
   haben von den Ausstechplätzchen
   und von den Zitronenplätzchen
   und von den Rosinenplätzchen
   von den vielen Weihnachtskringeln,
   von den Schokoladenplätzchen
   und von den Vanilleplätzchen
   großes Bauchweh heut!
   Seht ihr's nicht, ihr Leut'?
   Seht ihr's nicht, ihr Leut'?

Das Lebkuchenliebeslied

Text: R. Krenzer, Melodie: M. Göth

1. Es fing einst ein Bäk-ker zu bak-ken an, es war in der Vor-weih-nachts-zeit. Er back-te ei-nen Leb-ku-chen-mann und im-mer noch ei-nen Leb-ku-chen-mann und noch ei-nen und noch ei-nen Leb-ku-chen-mann. Die schön-sten hier weit und breit.

2. Ein Lebkuchenmann fing zu sprechen an,
   es war in der Nacht gegen zwei:
   „Du backtest einen Lebkuchenmann
   und immer noch einen Lebkuchenmann
   und noch einen und noch einen Lebkuchenmann
   und dachtest dir nichts dabei."

74

3. Der Lebkuchenmann fing zu weinen an
   und weinte bis kurz nach halb drei.
   „Du backtest einen Lebkuchenmann
   und immer noch einen Lebkuchenmann
   und noch einen und noch einen Lebkuchenmann.
   Nicht eine Frau ist dabei."

4. Da fingen die andern zu jammern an.
   Sie jammerten leise und laut.
   „Du backtest einen Lebkuchenmann
   und immer noch einen Lebkuchenmann
   und noch einen und noch einen Lebkuchenmann
   und keine einzige Braut!"

5. Es fing dann der Bäcker zu backen an
   nochmal in der Vorweihnachtszeit.
   Er backte eine Lebkuchenfrau
   und immer noch eine Lebkuchenfrau,
   und noch eine und noch eine Lebkuchenfrau,
   die schönsten hier weit und breit.

6. Sie liebten sich sehr bis zur Weihnachtszeit
   und waren von Herzen sich gut.
   So spürte jede Lebkuchenfrau,
   so spürte es jeder Lebkuchenmann,
   jede Lebkuchenfrau, jeder Lebkuchen dann,
   wie gut doch die Liebe tut.

7. Und ißt du Lebkuchen zur Weihnachtszeit,
   dann achte doch bitte darauf
   und trenne nicht die Lebkuchenfrau,
   ja, trenne sie nicht vom Lebkuchenmann,
   nicht den Lebkuchenmann von der Lebkuchenfrau
   und iß sie zusammen auf!

Weihnachtsplätzchen mit Salz und Kümmel

„Wirklich Weihnachtsplätzchen mit Salz und Kümmel!" erklärt Svenja ihrer Mutter, als sie von Kollmars nach Hause kommt. Sie hat Anna und ihrer Mutter beim Plätzchenbacken geholfen. „Es ist ein altes Familienrezept, haben sie gesagt! Und sie backen die Salzstangen jedes Jahr!"

Svenjas Mutter backt immer viele Plätzchensorten – Anisplätzchen, Ausstechplätzchen, Schwarzweiß-Plätzchen, Heidesand, Schokoladenplätzchen und noch viel mehr. Ein Plätzchen schmeckt besser als das andere. Doch von salzigen Weihnachtsplätzchen hat sie noch nie gehört. Nein, das kann sie sich nicht vorstellen!

„Schwindelst du auch nicht?" fragt sie und blickt Svenja streng an. Svenja lacht laut und schüttelt den Kopf. Dann sucht sie nach etwas in ihrer Anoraktasche.

„Ich habe dir ein paar zum Probieren mitgebracht!" sagt sie und sucht auch in der anderen Tasche.

„Frau Kollmar hat sie mir extra für dich mitgegeben!" sagt sie und kehrt beide Taschen nach außen um. „O je, sie liegen noch bei Kollmars auf dem Schrank! Ich habe sie vergessen!"

Sie läuft zur Tür und ruft: „Ich hole sie!"

Doch ihre Mutter packt sie am Arm. „Es ist bereits dunkel!" sagt sie. „Morgen kannst du sie auch noch holen!"

Als sie aber dann sieht, wie enttäuscht Svenja ist, zieht sie sich ihren Mantel an. „Wir gehen zusammen!" sagt sie und nimmt Svenja an die Hand.

Frau Kollmar und Anna sind noch immer beim Plätzchenbacken, als Svenja und ihre Mutter kommen. Sogar Annas Vater und Kai, ihr großer Bruder, helfen mit.

„Die müssen Sie versuchen!" lacht Frau Kollmar. Sie stellt einen Teller voller Plätzchen hin. Und Svenjas Mutter probiert Frau Kollmars köstliche Nußplätzchen, ihre noch köstlicheren Marzipanplätzchen, die Maronenplätzchen und das Spritzgebäck.

Dann kann sie nicht mehr.

„Sie schmecken wunderbar!" sagt sie schließlich. „Aber nun habe ich wirklich genug süße Plätzchen gegessen!"

„Diese müssen Sie aber noch versuchen!" sagt da Frau Kollmar und stellt noch ein Tellerchen vor sie hin.

„Das sind die Salzstangen!" schreit Svenja fröhlich und greift gleich zu.

Ihre Mutter wundert sich. Es sind wirklich Plätzchen mit Salz und Kümmel.

Sie beißt vorsichtig hinein.

„Phantastisch!" sagt sie dann. „Das ist genau das richtige nach all den süßen Plätzchen! Sie müssen mir unbedingt das Rezept geben!"

Frau Kollmar lacht. „Ich kann nicht genug davon backen! Jedes Jahr ist es dasselbe! Alle wollen Salzstangen haben. Und sie reichen nie! Ein altes Familienrezept!"

Als Svenja später mit ihrer Mutter heimgeht, nehmen sich beide vor, gleich morgen Salzstangen zu backen.

„Wenn Vati sie erst einmal probiert", lacht Svenja, „dann werden die Salzstangen auch zu unserem Familienrezept!"

„Mit Salz und Kümmel!" sagt Mutti und nickt.

Salzstangen

Backvorschlag

Beim Backen können Kinder helfen.

Wir mischen 350 Gramm Weizenmehl und zwei gestrichene Teelöffel Backpulver auf der Tischplatte. In die Mitte drücken wir eine Delle und geben einen gestrichenen Teelöffel Salz, ein Ei und drei Eßlöffel Milch hinzu.

Darauf schneiden wir 100 Gramm weiche Butter in kleine Stücke und geben sie dazu.

Wir bedecken die Delle wieder mit Mehl und kneten von der Mitte aus alle Zutaten zusammen zu einem glatten Teig.

Wenn er kleben sollte, geben wir noch etwas Mehl dazu.

Der Teig wird etwa 3 mm dick ausgerollt und mit einem Backpinsel mit Dosenmilch bestrichen und mit Salz und Kümmel bestreut. Dann wird der Teig mit einem Messer in etwa 2 cm breite und 10 cm lange Streifen geschnitten. Die Streifen werden nun spiralförmig gedreht, das eine Ende nach rechts, das andere nach links, auf ein Backblech gelegt und in etwa 10 Minuten (200 Grad Backtemperatur) goldgelb gebacken.

Salzstangen schmecken köstlich!

WEIHNACHTS-WÜNSCHE

Wer kann das gewesen sein?

Bist du heut nacht mal aufgewacht?
Sag, hast du was gehört?
Sag, war da was? So irgendwas?
Sag, hat dich was gestört?
Leise Schritte! Schwere Tritte!
Treppauf, treppab, tap tap tap tap,
ins Weihnachtszimmer und hinaus.
Treppauf, treppab, tap tap tap tap,
so ging's heut nacht durchs Haus.

War Mutti das? War's Vatis Baß?
Besuch irgendwoher?
Dazwischen war dann auch noch was.
Noch nachts Besuch? Und wer?
Leise Schritte! Schwere Tritte!
Treppauf, treppab, tap tap tap tap,
ins Weihnachtszimmer und hinaus.
Treppauf, treppab, tap tap tap tap,
so ging's heut nacht durchs Haus.

Schlaf ein! Wenn du dann morgen früh
gut ausgeschlafen bist,
dann sag ich dir, wer bei uns hier
nachts dagewesen ist.
Leise Schritte! Schwere Tritte!
Treppauf, treppab, tap tap tap tap,
ins Weihnachtszimmer und hinaus.
Treppauf, treppab, tap tap tap tap,
so ging's heut nacht durchs Haus.

Zank um Mitternacht

Es war ein wunderschöner Weihnachtsabend. So, wie Sara es sich während der ganzen langen Adventszeit gewünscht hatte. Sie und Kolle mußten warten, bis es richtig dunkel war. Bis dahin hörten sie Papa allein im Weihnachtszimmer herumwerkeln. Manchmal stöhnte er, und einmal schrie er richtig laut. „Elender Baum!" brüllte er. Aber das war gleich nach dem Mittagessen, das Sara und Kolle fast ganz ohne Papas Hilfe gekocht hatten: eine wunderbare Erbswurstsuppe mit Fleischwurst, die bei ihnen zu Weihnachten gehörte wie der Weihnachtsbaum und der Heringssalat am Abend nach der Bescherung. Daran sollte sich nichts ändern, obwohl Mama im Frühjahr zu ihrem Freund gezogen war.

„Lieber Gott, laß wenigstens Weihnachten so schön werden wie immer!" hatte Sara in den letzten vier Wochen immer wieder heimlich gebetet. „Wenigstens Weihnachten!"

Es war in diesem Jahr vieles anders bei ihnen geworden. Sara und Kolle fiel es schwer, sich daran zu gewöhnen, daß sie nun mit Papa allein waren und Mama sie nur noch ab und zu einmal abholte. Papa hatte um sie gekämpft. Das hatte ihnen Tante Uschi, Papas Schwester, erzählt. Da brauchten sie auch nicht von zu Hause fort. Aber sonst war alles anders geworden und nicht schöner. Sie mußten allein aufstehen und sich für die Schule fertig machen, weil Papa schon zur Arbeit war. Mittags gab es nur Brot. Erst abends kochten sie dann zusammen das Mittagessen.

„Das ist nicht gesund!" sagte Mama immer, wenn sie sie abholte. Aber wie sollten sie es anders machen?

Papa sprach nie von Mutti. Fast nie. Aber er wollte, daß Sara und Kolle sich zu Hause richtig wohlfühlen sollten. Auch ohne Mutti. Deshalb gab er sich auch heute so viel Mühe mit dem Weihnachtsabend.

Als das Weihnachtsglöckchen klingelte, stürzten Sara und Kolle in das Zimmer. Und es wurde schön, obwohl Mutti nicht dabei war. Aber sie würde ja morgen kommen und die Kinder abholen. Und dann gab es noch einmal Geschenke. Zweimal Geburtstagsgeschenke, zweimal Ostergeschenke, zweimal Geschenke zum Nikolaus und zweimal Weihnachtsgeschenke. Für etwas mußte es ja doch auch gut sein, daß Papa und Mama nicht mehr zusammen waren.

Papa sang mit Sara und Kolle, obwohl er früher immer behauptet hatte, daß er nicht singen könne. Dann spielten sie noch ein paar Lieder von der alten Schallplatte ab, die Papa immer am Weihnachtsabend hören wollte. Oma und Opa hatten sie früher stets zur Bescherung aufgelegt. Und Papa hatte sie mitgenommen, als Kolle und Sara geboren waren.

Natürlich bekam Sara die neue Barbie-Puppe mit allem Zubehör. Die hatte sie sich ja so sehr gewünscht! Und den Ken auch noch dazu!

Und Kolle war glücklich über den Kinder-Computer, der all das ganz schnell und allein rechnen konnte, wofür sich Kolle in der Schule abplagte. 3 + 7 rechnete er sofort aus und sogar 8 + 7. Und das ging schließlich bereits über den Zehner und war für Kolle und Sara noch schwer. Sara ging zwar bereits ins zweite Schuljahr, aber mit dem Rechnen hatte sie manchmal Probleme.

Außerdem bekamen sie beide zusammen von Papa noch ein richtiges Kasperletheater mit dem Kasper und dem Seppel, mit der Gretel und der Prinzessin, dem König und der Königin, dem Teufel, der Hexe, dem Zauberer und dem Krokodil und mit dem Räuber und dem Wachtmeister. Und natürlich gehörte noch die Großmutter dazu. Papa spielte gleich ein langes und lustiges Kasperlestück vor!

Dann krochen Sara und Kolle hinter das Kasperletheater und spielten Papa ein Stück nach dem anderen vor, bis Papa meuterte, weil er Hunger hatte und endlich von dem Heringssalat wollte, den er gestern abend extra noch für heute vorbereitet hatte.

Nun lag Sara zufrieden mit ihrer neuen Barbie-Puppe im Bett und konnte nicht einschlafen. Sie wälzte sich hin und her. Es war heute abend alles so schön und so aufregend gewesen, daß sie lange brauchte, um endlich so ruhig zu werden. An schönen Tagen war das immer so.

Als Sara im Dunkeln über ihr Kissen tastete, merkte sie plötzlich, daß sie Ken im Weihnachtszimmer vergessen hatte. Nein, ohne Ken konnte sie nicht einschlafen!

So stand sie schnell auf, schaltete vor ihrem Zimmer die Flurbeleuchtung an und huschte noch einmal zum Wohnzimmer.

Als sie die Tür öffnete, blieb sie verwundert stehen. Sie hörte ganz deutlich Stimmen. Drüben vom Kasperletheater mußten sie herkommen. Ob Kolle wieder wach geworden war und jetzt heimlich mitten in der Nacht noch ein Stück probierte?

Nein, das war nicht Kolle! Das war ganz eindeutig die Stimme von der Gretel. Und die Gretel schimpfte, was das Zeug hielt. Der Polizist plärrte dazwischen, die Prinzessin weinte und das Kasperle versuchte, die Gretel zu beruhigen.

Vorsichtig schlich Sara zum Theater. Der Lichtschein vom Flur her reichte aus, um sich zurechtzufinden. Die Gretel und die anderen bemerkten sie nicht und ließen sich auch nicht stören.

„Ich lasse mir das nicht mehr gefallen!" kreischte die Gretel.

„Von mir aus kannst du die Prinzessin von dem Krokodil befreien und aus der Räuberhöhle retten", jammerte sie. „Aber warum mußt du sie denn gleich heiraten! *Wir* sind doch miteinander verlobt. Das weiß jedes Kind!"

Das Kasperle versuchte einzulenken. „Es ist doch nur ein Spiel!" sagte es.

„Für mich ist das kein Spiel mehr!" rief Gretel und wollte der alten Hexe schon den Besen wegnehmen, um damit dem Kasperle auf den Kopf zu schlagen. „Wir haben versprochen, uns immer treu zu sein!"

„Und ich will auch nicht immer die Prinzessin rauben!" grunzte das Krokodil. „Ich will viel lieber zu Hause in Afrika bleiben und mit meinen Kindern spielen!"

„Hört endlich mit dem Räuberspielen auf!" brüllte der Räuber dazwischen. „Ich darf ja nie ein richtiger Räuber sein. Immer werde ich von dem blöden Wachtmeister wieder ins Gefängnis gesteckt. Und meine Räuberschätze? Hat jemand gehört, wohin sie verschwunden sind? Aber ich habe so meinen Verdacht!"

„Noch ein Wort!" bellte der Wachtmeister. „Und du kommst sofort wieder ins Gefängnis!"

„Wußt' ich's doch!" sagte der Räuber noch. Dann lamentierte die Gretel bereits wieder.

„Der Seppel kann doch die Prinzessin heiraten!" jammerte sie. Aber der wehrte sich und rief: „Ich will sie gar nicht!"

„Dann der König!" jammerte die Gretel.

„Sie ist meine Tochter!" sagte der König bestimmt. „Das ist nicht möglich. Aber ich könnte dich heiraten, schönes Gretelein!"

„Und deine Frau?" rief die Großmutter dazwischen.

„Ich lasse mich scheiden!" antwortete der König ganz ruhig. „Das ist heute ganz einfach. Viele Leute tun es. Warum nicht auch der König?"

84

„Und deine Tochter, die Prinzessin? Was wird aus der?" fragte die Gretel ärgerlich.

„Sie hat ja jetzt das Kasperle!" rief der König.

„Von wegen! Mein Kasperle kriegt sie nicht!" Mit beiden Fäusten schlug die Gretel dem König gegen die Brust.

„Kinder, beruhigt euch!" rief die Großmutter dazwischen. „Seid euch doch wieder gut!"

Aber keiner hörte auf den anderen. Sie brüllten sich an, jammerten, tobten, schrien, plärrten und waren so richtig uneinig. Nur das kleine rote Teufelchen saß ganz in der Ecke neben dem Vorhang und hatte seinen Spaß.

Da stampfte Sara laut mit dem Fuß auf.

„Ruhe!" brüllte sie, so laut sie konnte.

Die Kasperlepuppen ließen sich überhaupt nicht stören. Sie tobten und plärrten weiter wie vorher.

„Ihr sollt aufhören!" schrie Sara und rüttelte an dem Theater.

Die Kasperlepuppen klammerten sich am Vorhang fest und gingen weiter aufeinander los.

„Ihr da!" versuchte es Sara noch einmal.

Ohne Erfolg.

Da griff Sara nach Ken und schlich traurig mit ihm aus dem Zimmer.

„Ihr seid nicht anders als die Menschen, wenn man euch läßt!" sagte sie noch und schloß die Tür hinter sich.

Als sie sich wieder in ihr Bett kuschelte, nahm sie Barbie in den einen und Ken in den anderen Arm. „Wir drei wollen uns wenigstens liebhaben!" sagte sie noch. Dann schlief sie ein.

Am nächsten Morgen wußte sie nicht, ob sie das gestern abend wirklich erlebt oder alles nur geträumt hatte. Aber der Ken, der lag wirklich neben ihr auf dem Kopfkissen.

Dorothea und Rolf Krenzer

Mach einfach deine Augen zu

Text: Rolf Krenzer, Melodie: Martin Göth

Refrain: Mach ein-fach dei-ne Au-gen zu! Dann weißt du gleich Be-scheid: Es riecht bei uns nach Weih-nach-ten! Und bald ist es so-weit. 1. Seit ge-stern steht auf Pa-pas Schrank ein ziem-lich gro-ßer Sack. Es riecht nach Leim, nach fri-schem Holz, nach Far-be und nach Lack.

Mach einfach deine Augen zu!
Dann weißt du gleich Bescheid:
Es riecht bei uns nach Weihnachten!
Und bald ist es soweit!

2. Nach Plätzchen duftet's überall:
   Wo sind die nur versteckt?
   Geh heimlich deiner Nase nach.
   Bald hast du sie entdeckt.

   Refrain:
   Mach einfach deine Augen zu…

3. Und träumst du nachts vom Tannenwald,
   dann sagt dir dieser Traum:
   Es steht bestimmt bei euch versteckt
   schon längst der Weihnachtsbaum.

   Refrain:
   Mach einfach deine Augen zu…

4. So riecht und duftet es im Haus
   nur einmal jedes Jahr.
   Dann weißt du: Bald ist Weihnachten,
   und das ist wunderbar!

   Schluß-Refrain:
   Du öffnest deine Augen weit,
   du schaust dich um, und dann –
   dann riecht's nicht nur nach Weihnachten!
   Dann fängt es wirklich an!

Weihnachtsgrüße aus England

Als Claudia und Florian mit ihrer Mutter in England ihre Sommerferien verbrachten, lernten sie John mit seinen Eltern kennen. Sie wohnten nebeneinander in der kleinen Pension am Meer und waren bald unzertrennlich: die drei Kinder, aber auch Johns Eltern und ihre Mutter. Johns Eltern sprachen gut deutsch, und die Mutter konnte englisch. Die drei Kinder fanden schnell heraus, wie man mit wenigen Worten gut miteinander auskommen konnte, und verstanden sich von Tag zu Tag besser.

Als dann die Ferien zu Ende gingen und sie für die Heimreise alles gepackt hatten, saßen sie alle noch zusammen.

John tat es ebenso leid wie Claudia und Florian, daß sie nun voneinander Abschied nehmen mußten.

„Please send me christmaswishes!" sagte er auf einmal. Und als ihn die Kinder ganz erstaunt anblickten, erklärte die Mutter: „Ihr sollt John Weihnachten einen Weihnachtsgruß schicken.

„Three cards, please!" sagte John und deutete auf seine beiden deutschen Freunde und auf die Mutter. „We need so much cards for christmas!"

„Weihnachtskarten sind für uns in England ganz besonders wichtig!" sagte Johns Mutter.

Johns Vater hatte zugehört. Er nickte und erklärte dann: „Wir spannen vor Weihnachten eine Schnur quer durch das Wohnzimmer. Und alle Weihnachtskarten, die wir bekommen, hängen wir daran auf."

„Ja, und oft ist eine Karte schöner als die andere!" sagte Johns Mutter. „Oft hängen Weihnachten ganz viele in unserem Zimmer. Dann lesen wir sie immer wieder, sehen uns die schönen Bilder an und freuen uns, daß so viele Menschen an uns gedacht haben!"

Claudia und Florian waren begeistert. „Das müssen wir an Weihnachten auch machen!" riefen sie immer wieder und bedrängten jetzt bereits ihre Mutter, daß sie zustimmen sollte.

„Laßt doch zuerst mal Weihnachten herankommen!" lachte sie. „Es ist ja gerade erst August!" Zu John sagte sie. „We send christmas-greetings! Everyone of us!"

Und als die Kinder nickten, setzte sie hinzu: „Jeder von uns wird dir eine schicken! Das versprechen wir!"

„We wish You merry christmas also!" versprach John, und die Kinder verstanden, daß er ihnen auch einen Weihnachtsgruß schicken wollte.

Bereits um den Nikolaustag herum, suchten Claudia und Tobias die Weihnachtskarten aus, die sie John schicken wollten. Sie suchten lange, denn es sollten so richtige deutsche Weihnachtskarten sein mit Bildern von verschneiten Tannenbäumen und kleinen Häusern im Schnee.

Tobias fand ein Foto von der Wildfütterung im Schnee. Das schönste daran war, daß der Weihnachtsmann höchst persönlich die Rehe und Hasen fütterte.

Claudia suchte eine Karte aus, auf der ein großer geschmückter Weihnachtsbaum mit vielen brennenden echten Kerzen abgebildet war. Nicht mit solchen elektrischen kleinen Glaskerzen, die ihre Mutter unbedingt haben wollte, weil sie immer Angst hatte, einmal könnten die echten Kerzen den ganzen Weihnachtsbaum anstecken.

Die Mutter entschied sich für eine stimmungsvolle nächtliche Winterlandschaft mit einem hellen runden Mond an einem glänzenden Sternenhimmel darüber. Sie schrieb auch selbst die Anschrift, damit alle drei Karten richtig ankommen sollten. Die Kinder schrieben auf dem freien Kartenteil ihren Gruß und malten noch etwas dazu. Dann steckten sie alle drei Weihnachtskarten noch am gleichen Tag in den Briefkasten. John und seine Eltern würden sich sicher darüber freuen. Und alle drei Weihnachtskarten würden im Wohnzimmer in Liverpool hängen. Dort wohnte John nämlich mit seinen Eltern.

Claudia fragte jeden Tag nach, wenn sie aus dem Kindergarten kam, ob Post aus England gekommen wäre. Und wenn Florian aus der Schule kam, fragte er ebenfalls.

Die Tage verstrichen. Der dritte Adventssonntag war schon herum, und noch immer war kein Gruß von John gekommen.

„Er hat uns vergessen!" sagte Florian enttäuscht.

„Es dauert ja noch etwas bis Weihnachten!" versuchte Claudia ihren Bruder und sich zu trösten.

„Ich bin sicher, daß er geschrieben hat!" meinte die Mutter. „Aber die Post ist auch nicht mehr das, was sie früher war!"

Der vierte Adventssonntag kam und ging vorbei, dann war es bereits Heiligabend, die letzte Weihnachtspost steckte im Briefkasten.

„Schade!" sagten die Kinder ein bißchen traurig. John hatte also nicht Wort gehalten.

„Schade!" sagte auch die Mutter und schüttelte den Kopf. Ganz verstehen konnte sie das nicht. Nun gut, es wurde auch ohne Johns Weihnachtspost ein wunderschöner Weihnachtsabend. Und als die Kinder mit ihren Lieblingsgeschenken endlich im Bett lagen, da hatten sie auch Johns Weihnachtspost vergessen, nach der sie jeden Tag vor Weihnachten gefragt hatten.

Viele Wochen später, im April, steckte auf einmal eine bunte Weihnachtskarte im Briefkasten. Die Mutter betrachtete sie verwundert von allen Seiten, dann lachte sie laut und legte sie mitten auf den Tisch. Da mußten Claudia und Florian sie gleich sehen, wenn sie nachher zum Mittagessen kamen.

Und richtig! Florian entdeckte die Karte zuerst.

„Wer hat uns denn geschrieben?" fragte er und betrachtete interessiert das bunte Foto auf der Rückseite. „Was sind das für seltsame rote Beeren und Zweige?" fragte er.

„Das sind kleine Stechäpfel und Misteln!" erklärte ihm Mutti. „Misteln hängt man in England an Weihnachten über die Tür. Und der erste, der durch die Tür hereinkommt, bekommt von allen einen

Kuß. An Weihnachten küßt man sich in England unter dem Mistelzweig."

„Eine Weihnachtskarte!" sagte Claudia und nahm sie in die Hand. „Wer schickt uns jetzt noch eine Weihnachtskarte?"

„Nächsten Sonntag ist doch schon Ostern!" meinte Florian.

„Sie kommt aus Liverpool!" sagte die Mutter. Und als die beiden Kinder sie immer noch verständnislos anblickten, fügte sie hinzu: „Aus England!"

Da dämmerte es beiden. „Von John?" riefen sie und konnten es nicht fassen. „Hat er Weihnachten mit Ostern verwechselt? Feiern sie vielleicht in England zu Ostern Weihnachten?"

„Er hat unsere Anschrift so undeutlich geschrieben!" sagte die Mutter und ließ sich die Karte geben. „Die Postleitzahl hat er auch vergessen. Nun seht, hier hat er unsere Straße hingeschrieben!"

„Johannstraße!" Natürlich wußte Claudia das.

„Genau!" Die Mutter nickte. „Aber leider hat er so undeutlich geschrieben, daß es die Leute auf der Post in England nicht lesen konnten. Und einen Absender hat er auch nicht aufgeschrieben. Sonst hätten sie ihm die Karte vielleicht wieder zurückgeschickt."

Florian und Claudia nickten.

„Aber die Leute auf der Post in England sind ja schlau!" lachte Mutti nun. „Sie haben lange hin und her überlegt. Und dann haben sie gemeint, daß die Karte sicher nach Johannesburg sollte. Und dorthin haben sie die Karte dann auch geschickt."

„Wo liegt Johannesburg?" fragte Florian.

„In Afrika!" Mutter kratzte sich am Kopf. „Dort fanden sie auch keine Claudia und Florian Sträßner. Da suchten sie in den Lexika herum und fanden einen kleinen Ort in Österreich: Sankt Johann!"

„Woher weißt du das alles?" fragten die Kinder und staunten nur noch über das, was ihre Mutter alles wußte.

„Seht ihr nicht die vielen Poststempel?" Sie zeigte mit dem Finger darauf. „Hier steht Johannesburg und hier Sankt Johann!"

„Dann wurde Johns Weihnachtspost von einem Land zum anderen geschickt", sagte Florian. „Und heute ist sie endlich bei uns angekommen!"

„Grund genug, daß wir uns darüber freuen können!" Mutti nickte. „Und dem John haben wir arg Unrecht getan. Er hat uns wirklich eine Weihnachtskarte geschickt!"

Sie hob den Deckel vom Suppentopf. „Aber nun reicht mir eure Teller. Sonst wird noch die Suppe kalt!"

Wer hat den Weihnachtsmann gesehn?

Wer hat den Weihnachtsmann gesehn?
Wer sah ihn durch die Straße gehn?
Er war doch sicher hier
und auch bestimmt bei dir.

Ich möcht' den Weihnachtsmann gern sehn
und möchte gerne zu ihm gehn,
möcht' danken ihm so sehr,
doch find' ich ihn nicht mehr.

Im nächsten Jahr, verlaßt euch drauf,
da paß' ich wirklich besser auf.
Wenn er sich sehen läßt,
dann halte ich ihn fest.

Dann sag' ich zu dem Weihnachtsmann:
„Du hast so viel für mich getan!
Für alles sag' ich dir
von Herzen Dank dafür!"

92

Weihnachtswünsche

Text: Rolf Krenzer, Melodie: Martin Göth

1. Was wünscht sich mein Va-ter? Ei-ne Gans und noch da-zu end-lich ganz, ganz, ganz, ganz, ganz, ganz, ganz, ganz viel Ruh.

2. Was wünscht sich die Mutter?
   Ganz viel Zeit! Und grad dafür
   kriegt sie ganz… viel Hilfe von mir.

3. Was wünscht sich mein Bruder?
   Einen Schlitten. Und juchhe,
   will er ganz … viel Schnee!

4. Was wünscht sich die Schwester?
   Daß ihr Freund dann bei ihr ist
   und sie ganz … oft küßt.

5. Was soll ich mir wünschen,
   so bescheiden, wie ich bin?
   Nur ein Päckchen mit ganz … viel drin!

Pia und Pelle suchen den Weihnachtsmann

Rollenspiel

Es spielen: Pia, Pelle und ihre Eltern, Frau Müller, Frau und Herr Weinert, der kleine Ulli Kleißner.

1. Szene

Pelle:	Hast du schon mal den Weihnachtsmann gesehen?
Pia:	Nee! Noch nie!
Pelle:	Immer erzählen sie von ihm. Sogar im Fernsehen war er schon. Aber da war er ja nur in einem Film oder hat in einer blöden Werbesendung für Schnaps geworben. Das war nicht der richtige Weihnachtsmann!
Pia:	Den Nikolaus kenne ich. Der war schon oft bei uns. Aber den Weihnachtsmann habe ich auch noch nie gesehen.
Pelle:	Wir müssen ihn suchen! Heute vermissen uns die Eltern nicht. Sie müssen ja das Weihnachtszimmer schmücken und den Weihnachtsbaum aufstellen.
Pia:	Und heute müssen wir ihn hier ganz bestimmt treffen. Heute ist doch Weihnachten!
Pelle:	Suchen wir ihn? *Er hält ihr die Hand hin. Pia schlägt ein.*
Pia:	Auf! Suchen wir den Weihnachtsmann! Gehen wir nach rechts oder nach links?

Pelle:	Ist doch egal. Von einer Seite muß er ja kommen!
Pia:	Also nach rechts!
Pelle:	Nach links!
Pia:	*zieht Pelle hinter sich her* Komm schon. Hier ist es bestimmt richtig. Wir kön- nen ja mal Frau Müller fragen.

Frau Müller kommt mit einem kleinen Korb am Arm.

Pia:	Frau Müller, haben Sie den Weihnachtsmann gese- hen?
Frau Müller:	Leider nicht! Aber wenn ihr ihn trefft, bestellt ihm einen Gruß von mir. *Sie will gehen.* Wartet mal! Ich wollte der alten Frau Hecker ein paar Plätzchen bringen. Wenn ihr sie hinbringen wollt, dann wäre ich euch sehr dankbar. Heute gibt es noch so viel für mich zu tun.

Pelle:	Die Frau Hecker in der Herbertstraße?
Frau:	Ganz genau. Und hier sind ein paar Plätzchen für euch! Laß sie euch schmecken.

Sie greift in den Korb, holt eine kleine Tüte mit Plätzchen heraus und gibt sie Pia. Pelle bekommt den Korb.
Ihr seid wirklich freundliche Kinder! Und grüßt Frau Hecker von mir! Sie soll sich die Plätzchen schmecken lassen.
Sie winkt den Kindern zu und geht.

Pelle: Pia, komm!

Pia: Vielleicht treffen wir in der Herbertstraße den Weihnachtsmann!

Die alten Weinerts begegnen ihnen. Sie tragen viele Pakete.

Pia und Pelle: Guten Tag!

Herr Weinert: *stellt seine Pakete ab*
Guten Tag, ihr beiden!

Pia: Sie haben aber viele Pakete!

Frau Weinert: *stellt ihre Pakete dazu*
Alles für die Enkelkinder! Und wohin wollt ihr mit eurem Korb?

Pelle: Zu Frau Hecker!

Frau Weinert: In der Herbertstraße?

Pia: Ja!

Herr Weinert: Da haben wir ja den gleichen Weg!

Pelle: *greift nach den Paketen*
Ich helfe Ihnen tragen!

96

Herr Weinert: Laß mal, mein Junge! Ihr habt doch den Korb.

Pelle: Der ist ganz leicht. Es sind nur ein paar Plätzchen.

Pia: Eine größere Tüte und eine kleine.

Herr Weinert: Na, gut!

Pia: Und ich nehme diese!
Sie nimmt Frau Weinert ein paar Päckchen ab.

Frau Weinert: Dankeschön! Das ist sehr nett von dir.

Sie gehen zusammen ab.

2. Szene

Pias und Pelles Eltern kommen. Sie schauen sich nach allen Seiten um, suchen nach den Kindern.

Vater: Wo können sie nur hingegangen sein?

Mutter: Laufen die beiden einfach kurz vor der Bescherung noch fort!

Vater: Und es wird bald dunkel.

Mutter: Gott sei Dank! Da kommen sie ja!

Vater: Aber sie haben ja noch jemand dabei.

Mutter: Einen kleinen Jungen. Kennst du ihn?

Vater:	Ich weiß nicht! Unten in der Straße sind letzte Woche neue Leute eingezogen.
Mutter:	Wo haben sie denn nur die vielen Päckchen her?
Vater:	Hallo, Pia! Hallo, Pelle! Wo wart ihr denn?

Die Kinder kommen, beladen mit vielen Tüten und Päckchen. Pia hat den kleinen Ulli Kleißner an der Hand.

Pelle:	Schaut euch das nur an!
Pia:	So viele Päckchen!
Mutter:	Wo habt ihr die denn nur her?
Pelle:	Das sind Plätzchen von Frau Müller. Und die hat dies alte Frau Hecker gebacken und uns geschenkt. Das sind die Plätzchen von Weinerts.
Pia:	Dem Herrn Schnurr haben wir geholfen, seinen Hund wieder einzufangen. Da hat uns seine Frau die Päckchen mit Plätzchen geschenkt. Und die Frau Schmidt hat ein Päckchen aus ihrem Korb verloren. Das haben wir ihr nachgetragen.
Vater:	Und sie hat euch auch Plätzchen geschenkt?
Pelle:	Woher weißt du das?
Pia:	Und das sind Plätzchen von der Frau Schubert. Und die sind von Petermanns. Weihnachten schenken alle Leute Plätzchen.

Mutter:	Und warum seid ihr losgegangen? So kurz vor der Bescherung?
Pelle:	Wir wollten den Weihnachtsmann suchen.
Vater:	Habt ihr ihn denn gefunden?
Pia:	Leider nicht. Dafür den kleinen Ulli Kleißner. Er wohnt seit letzten Dienstag bei uns in der Straße. Er hat sich verlaufen. Aber Pelle hat gewußt, wo er wohnt.
Ulli:	Ich will heim!
Mutter:	Dann bringt schnell den kleinen Ulli noch heim. Und den Weihnachtsmann, den konntet ihr gar nicht finden!
Vater:	Er war nämlich hier. Hier bei uns im Weihnachtszimmer!

Pia und Pelle geben den Eltern die Plätzchen.

	Dafür haben wir den Ulli gefunden und viele Plätzchen bekommen.
Pia:	Und alle Plätzchen schmecken anders!
Mutter:	Jetzt beeilt euch aber, denn Ullis Eltern werden ihn bestimmt suchen.
Vater:	Und beeilt euch, damit die Bescherung anfangen kann. Ich bin doch gespannt, was ich zu Weihnachten bekomme.

Die Eltern gehen ab, Pia und Pelle nehmen den kleinen Ulli an beiden Händen und laufen mit ihm davon.

Singt ein Weihnachtslied mit mir

Text: Rolf Krenzer, Melodie: Martin Göth
© Verlag Ernst Kaufmann. Vervielfältigung nur mit Genehmigung.

2. Singt ein Weihnachtslied, ihr Leut',
   weil sich jeder heute freut.
   Alle wären wir verloren,
   wär' er nicht im Stall geboren.
   Halleluja! Gloria!
   Gloria! Halleluja!

3. Singt ein Weihnachtslied. Ja, singt,
   weil er uns den Frieden bringt.
   Geben Feinde sich die Hände,
   ist der Krieg sogleich zu Ende.
   Halleluja! Gloria!
   Gloria! Halleluja!

4. Singt ein Weihnachtslied heut nacht,
   weil er uns so glücklich macht.
   Weil wir dankbar an ihn denken,
   wollen wir uns heut beschenken.
   Halleluja! Gloria!
   Gloria! Halleluja!

5. Bringt in alle Herzen Licht
   und vergeßt die andern nicht.
   Singt die schönsten Weihnachtslieder
   alle Jahre immer wieder.
   Halleluja! Gloria!
   Gloria! Halleluja!

Aufstell-Weihnachtsbilder

Bastelvorschlag

Ihr braucht zunächst einen dünnen, schwarzen Karton (Tonpapier) oder Pappe, nicht größer als eine Schulheftseite. Dann schneidet ihr ungefähr ein Drittel von der breiten Seite ab. Das Stück, das übrigbleibt, knickt ihr dreimal so ein, daß ihr zwei kleine Seitenteile und ein größeres Mittelteil erhaltet. Wenn ihr es richtig gemacht habt, dann bleibt die Pappe auf dem Tisch stehen.

Nun schneidet ihr in der Mitte und auf den beiden Seitenteilen jeweils ein Fenster heraus. Jetzt ist das ganze etwas wacklig. Wenn ihr aber Pergamentpapier – man nennt es auch Butterbrotpapier – dahinterklebt, wird alles gleich wieder stabiler.

Bevor ihr das Pergamentpapier hinter die Fenster klebt, malt ihr mit Filzstiften bunte Bilder darauf: ein großes Bild in die Mitte und zwei kleinere auf die Seiten links und rechts. Vielleicht malt ihr in die Mitte die Krippe mit Maria und Josef und auf die Seitenfenster viele kleine Sterne und einen großen. Damit die Sterne richtig leuchten, malt ihr rundum alles dunkelblau oder schwarz. Ihr könnt auch in das Mittelfenster einen großen Weihnachtsbaum mit vielen bunten Kugeln und Lichtern malen, und vielleicht links und rechts in die Fenster eure Weihnachtswünsche.

Wenn ihr die Pergamentbilder hinter die Fenster geklebt habt, stellt ihr das Aufstellbild vor ein brennendes Teelicht. Ist es schon dämmrig im Zimmer, leuchtet das Bild hell und wunderschön. Und wenn die Sonne scheint, stellt ihr es vor das Fenster, damit es von der Sonne beleuchtet wird.

Noch etwas ganz Praktisches: Ihr könnt das Aufstellbild, nachdem ihr euch in der Zeit vor Weihnachten daran erfreut habt, noch als Weihnachtsgeschenk für die Großeltern, für die Patentante oder euren Lieblingsonkel verwenden.

IN DER
WEIHNACHTSNACHT
LEUCHTEN VIELE
KERZEN

In der Weihnachtsnacht leuchten viele Kerzen

In der Weihnachtsnacht
leuchten viele Kerzen.
Ist das Licht erwacht,
öffnet eure Herzen.
Macht euch auf und seid bereit
für die Weihnachtszeit.

In der Weihnachtsnacht
gibt es viele Lieder.
Wenn das Licht erwacht,
singen wir sie wieder.
Was geschah und heut geschieht,
kündet uns das Lied.

In der Weihnachtsnacht
ward das Kind geboren,
das uns Gott gebracht,
als wir fast verloren,
weil uns Gott von Herzen liebt
und uns so viel gibt.

Macht euch drum bereit.
Laßt das Licht auf Erden
heut für alle Zeit
uns zum Zeichen werden,
daß Gott immer bei uns ist ·
und uns nie vergißt.

Richtig Weihnachten

„Am Heiligen Abend gehen wir alle zusammen in die Kirche!"
erklärte Catharina beim Mittagessen ihren Eltern.

Vati schüttelte den Kopf, und Mutti hob abwehrend ihre Hand.

„Wir gehen nie in die Kirche!" sagte Vati fest. „Nicht am Sonntag
und nicht zu Weihnachten! Wir sind aus der Kirche ausgetreten.
Also gehen wir nicht mehr in die Kirche!"

Als Mutti bemerkte, wie erschrocken Catharina sie beide anblickte,
fragte sie noch: „Wann ist denn der Gottesdienst?"

„Um fünf fängt es an!" flüsterte Catharina und kämpfte mit den
Tränen.

„Um fünf haben wir hier bei uns Bescherung!" sagte Vati kurz ange-
bunden. „Außerdem kommen Oma und Opa. Willst du sie etwa
auch mit in die Kirche schleppen?"

„Wir spielen da mit unseren Flöten!" Jetzt mußte Catharina wirklich
weinen.

Mutti stand auf und legte den Arm um sie. „Du bist doch gar nicht
getauft! Da kannst du nicht hingehen!"

„Kann ich doch!" sagte Catharina fest.

„Kannst du nicht!" tönte Vati.

„Kann ich doch! Frau Peter hat es gesagt!"

„So weit kommt es noch!" Vati regte sich richtig auf. „Frau Peter
hat uns gar nichts zu sagen!"

„Wenn ich nicht mitspiele, können sie nicht in der Kirche spielen!"
schluchzte Catharina.

„Wie groß ist denn die Flötengruppe, die dort spielt?" fragte Mutti
schließlich.

„Die Anna, die Sandra und ich!" jammerte Catharina.

„Da hat sie recht!" Mutti nickte. „Drei Flöten sind schon wenig.
Aber mit zwei Flöten klingt es arg dünn!"

Sie blickte Vati nachdenklich an. „Frau Peter hat sich das ganze Jahr mit ihr abgemüht. Jetzt spielt sie wirklich schön. Da kann Catharina sie nicht enttäuschen!"

„Ich gehe jedenfalls nicht mit!" Vati schüttelte den Kopf. „Dann soll sie allein hingehen! Wir bescheren hier wie immer um fünf!"

Da mußte sogar Mutti lachen. „Wen willst du denn bescheren, wenn Catharina und ich überhaupt nicht da sind?"

„Wo bist du denn?" Er sah sie verwirrt an.

„Ich lasse doch das Kind nicht im Dunkeln allein in die Kirche gehen!" sagte Mutti einfach.

Und Vati seufzte nur und nahm sich noch von dem Gemüse.

„Und was machen wir mit Oma und Opa?" fragte er dann. „Lassen wir sie unter dem Weihnachtsbaum warten, bis wir von der Kirche zurückkommen?"

„Du bist doch da!" sagte Catharina.

„Wenn meine Tochter ihren großen Auftritt hat, muß ich doch hin!" sagte Papa, und Mutti und Catharina blickten ihn nur noch verwundert an. Catharina aber sprang blitzschnell auf seinen Schoß und drückte ihn, so fest sie konnte.

„Du telefonierst aber heute abend mit Oma und Opa und sagst ihnen alles!" sagte er schließlich, als er wieder etwas Luft hatte. „Die wollen mit uns Weihnachten feiern und nicht in der Kirche!"

Am Abend zögerte Oma zunächst etwas und wollte zuerst Opa fragen, was er dazu meinte. Catharina hörte sie im Hintergrund zusammen reden. Dann kam Opa selbst ans Telefon.

„Spielst du wirklich in der Kirche auf deiner Flöte?" fragte er.

„Ja!" rief Catharina in das Telefon hinein. „Und ein Stück ganz allein. Da begleitet mich Frau Peter mit ihrer Gitarre!"

„Donnerwetter!" sagte Opa. „Kann ich das mit einem Kassettenrecorder aufnehmen?" fragte er dann. „Ich habe so einen kleinen mit Batterien. Das merkt niemand, wenn ich damit das Flöten aufnehme!"

„Sie gehen mit!" rief Catharina überglücklich ihren Eltern zu, die alles mitgehört hatten. Vati ließ sich das Telefon geben. „Also feiern wir Weihnachten diesmal ganz anders!" sagte er noch.

„So wie früher!" antwortete Opa und räusperte sich.

Als lange nach Weihnachten der Kindergarten wieder anfing, da fragte Frau Peter Catharina, ob den Eltern denn das Flötenspiel gefallen habe.

„Alles hat ihnen gefallen!" schwärmte Catharina. „Und Oma und Opa auch!"

„Waren sie denn alle mit?" fragte Frau Peter und staunte.

Catharina nickte und strahlte. „Sie haben gesagt, es wäre endlich wieder richtig Weihnachten gewesen. So wie früher, als sie noch Kinder waren. So richtig Weihnachten!"

„Dann müssen wir uns für den nächsten Heiligen Abend ja wieder etwas einfallen lassen!" lachte Frau Peter.

Catharina schüttelte bedauernd den Kopf. „Dann gehe ich doch schon in die Schule!"

„Wir flöten aber weiter zusammen!" meinte Frau Peter, und Catharina nickte.

Kleiner Esel, kleiner Esel

Text: R. Krenzer, Melodie: M. Göth

1. Klei - ner E - sel, klei - ner E - sel, sag, wo willst du

hin? Klei - ner E - sel, klei - ner E - sel, sag, wo willst du

hin? Der Weg ist ziem - lich un - be - quem von

Na - za - ret nach Bet - le - hem. Ma - ri - a ist auch

nicht sehr leicht. Doch bald ist un - ser Ziel er - reicht.

Klei - ner E - sel, klei - ner E - sel, und das hat sei - nen

Sinn. Klei - ner E - sel, klei - ner E - sel, ja,

das hat sei - nen Sinn.

2. ‖: Kleiner Esel, kleiner Esel,
   sag, wo ist dein Ziel? :‖
   Der Josef führt mich mit Geschick
   so sicher an dem festen Strick
   zum alten Stall. Er ist ganz nah.
   Und Heu und Stroh, das gibt es da.
   ‖: Kleiner Esel, kleiner Esel,
   ein Esel weiß nicht viel :‖

3. ‖: Kleiner Esel, kleiner Esel,
   irrst du dich auch nicht? :‖
   Im ganzen Ort kein Zimmer mehr!
   Wenn da der alte Stall nicht wär',
   im Stall wird Gottes Sohn heut nacht
   so arm und klein zur Welt gebracht.
   ‖: Kleiner Esel, kleiner Esel,
   nein, nein, du irrst dich nicht! :‖

4. ‖: Kleiner Esel, kleiner Esel,
   ist das Wunder da, :‖
   dann kommen Hirten hier herein,
   um bei dem Kind im Stall zu sein.
   Sie knien vor der Krippe dann
   und beten Jesus Christus an.
   ‖: Kleiner Esel, kleiner Esel,
   und du bist ihm ganz nah, :‖

Die Geschichte vom kleinen Nathan und dem schwarzen Schäfchen

Weil es anders aussah als die übrigen Schafe, nämlich schwarz, hatte es das schwarze Schäfchen schwerer als die anderen. Es fiel sogleich auf, wenn es mit der Herde über die Wege und Weiden zog. Und manch einer machte eine böse Bemerkung, wenn er es sah.

„Schwarze Schafe bringen Unglück!" hieß es da. Oder: „Ein schwarzes Schaf ist ein schlechtes Schaf!" Und am schlimmsten: „Schwarze Schafe gehören nicht zu uns!"

Selbst die Hirten, die sonst kaum einen Unterschied machten, wollten sich nicht so recht mit dem schwarzen Schäfchen anfreunden.

Da blieb einzig und allein Nathan, der kleine Hirtenjunge, der es wegen seiner dunklen Hautfarbe auch nicht leicht hatte. Er war nicht ganz so schwarz wie das Schäfchen, aber dunkel genug, um anders auszusehen als die anderen Hirten. Zudem hatte er krauses Haar, und das hatte keiner sonst, den Nathan kannte.

Nathan kümmerte sich von Anfang an um das schwarze Schäfchen. Er zog es mit der Milchflasche auf, als er bemerkte, daß es die anderen Schafe zur Seite drängten.

Den ganzen Tag über hielt sich das schwarze Schäfchen an Nathans Seite und lief ihm überall nach, wohin er nur ging. Und abends kroch es ganz dicht an ihn heran und kuschelte sich in der Nacht so fest an ihn, wie es nur konnte. Das tat ihm und auch dem kleinen Hirtenjungen gut. Es gab ja sonst keinen, der gut zu ihnen war.

Als die Hirten einmal längst bei ihren Schafen eingeschlafen waren, wurden sie von einem hellen Schein am Himmel und von einem wundersamen Singen und Klingen geweckt.

Erstaunt rieben sie sich die Augen, und sie erschraken, als sie die Engel im hellen Licht Gottes vor sich stehen sahen. Wann haben Hirten schon einmal etwas mit Engel zu tun?

110

Sie warfen sich mit dem Gesicht auf die Erde und wagten nicht, nach oben zu blicken. Es waren mächtige und kampferprobte Männer, die es sonst mit allen Feinden aufnahmen. Doch jetzt zitterten sie vor Angst.

Nathan und sein schwarzes Schäfchen waren wach geworden und drängten sich eng aneinander. Auch die anderen Schafe drängten sich in dieser seltsamen Nacht ängstlich zusammen.

Da sprach einer der Engel: „Habt keine Angst! Ich will euch etwas ganz Wunderbares erzählen! Gott hat mich zu euch geschickt, um es euch zu sagen!"

Da hoben die Hirten die Augen und wagten es, den Engel anzusehen. „Heute nacht ist Gottes Sohn geboren worden", sagte er. „Er heißt Jesus und liegt in einer Krippe auf Heu und Stroh im allererbärmlichsten Stall von Betlehem!"

Die Hirten starrten den Engel verwirrt und ungläubig an. Da sagte der Engel: „Ihr seid doch von Betlehem! Drum lauft zu dem Stall. Ihr werdet dort das Kind in der Krippe finden."

Die Hirten konnten es einfach nicht begreifen, was sie da von dem Engel hörten.

Doch als nun die Engel laut zu singen begannen, fielen sie auf die Knie und lauschten, was Gott ihnen durch seine Engel sagen wollte.

„Ehre sei Gott im Himmel!" sangen die Engel in dieser Nacht, die wie durch ein Wunder plötzlich taghell geworden war. „Und Frieden allen Menschen, weil Gott sie so lieb hat!" Die Hirten waren von dem Gesang tief ergriffen.

Als die Engel zurück zu Gott gegangen waren, und es rundherum wieder dunkel geworden war, da rappelten sich die Hirten langsam auf und berieten miteinander, was nun zu tun wäre.

„Wir gehen zu dem Stall und begrüßen das Kind!" meinte einer. Und ein anderer sagte, daß sie wohl nicht mit leeren Händen kommen könnten, wenn sie schon das Kind begrüßen wollten.

So suchten sie lange unter ihren Habseligkeiten, bis sie das fanden,

was ihnen wertvoll genug war, um es in dieser außergewöhnlichen
Nacht dem Gotteskind zu schenken.

Einer nahm ein warmes Fell mit, ein anderer einen Krug Saft, ein
dritter eine warme Decke, die er selbst für kalte Winterabende
gestrickt hatte. Käse und Brot kamen noch dazu.

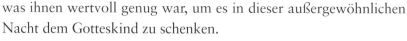

Zuletzt nahm einer ein Mutterschaf auf den Rücken. Das sollte von
ihnen allen gemeinsam sein. Das Kind würde die frische Schafsmilch
gut brauchen können.

Nur zwei Hirten mußten zurückbleiben, um zu wachen, damit den
übrigen Schafen nichts passierte.

Um den kleinen Nathan und sein schwarzes Schaf kümmerte sich
keiner. Sie sagten aber auch nichts, als er sein Schaf auf den Rücken
nahm und langsam hinter ihnen her trottete.

Der Weg war lang. Nathan mußte oft stehenbleiben. Und endlich
ließ er das Schäfchen herunter, weil es ihm doch recht schwer wurde.
Da lief es hinter ihm her, und sie kamen nur langsam voran.

Die Hirten waren lange vor Nathan beim Stall. Sie knieten vor dem
Kind in der Krippe nieder und beteten. So begrüßten sie das Kind,
das Gottes Sohn war und noch ärmer als sie selbst.

Dann überreichten sie Maria und Josef, den Eltern, ihre Geschenke.
Und sie sahen mit eigenen Augen, wieviel Freude sie damit bereite-
ten.

„Gott segne euch dafür!" sagte Josef und gab jedem die Hand. Und
Maria nickte ihnen dankbar zu.

Als sie schon wieder gehen wollten, kam endlich auch der kleine
Nathan mit seinem schwarzen Schäfchen an. Er ging schnurstracks
zur Krippe und konnte sich nicht sattsehen an dem Kind. Er nahm
das Schäfchen auf den Arm und ließ es in die Krippe schauen. Und
das Schaf blökte leise.

„Ein schönes Schaf hast du!" sagte Maria.

„Es ist schwarz!" antwortete Nathan. „Anders als alle anderen!"

Maria nickte. „Es ist außergewöhnlich!" sagte sie und strich dem

Schäfchen über sein Fell. „Ganz außergewöhnlich ist es! Genau wie du!" Und sie strich ihm behutsam über den Kopf.

Da fühlte der kleine Nathan plötzlich eine Freude in sich aufsteigen, daß er fast weinen mußte. So gut war noch nie jemand zu ihm gewesen. Die Hirten aber sahen alles. Und auf einmal ging der älteste Hirte auf den kleinen Nathan zu, nahm ihm ganz behutsam sein schwarzes Schaf aus dem Arm, stellte es neben ihn und sagte: „Wenn du magst, kannst du noch bleiben!"

Nathan nickte still. Da legte der alte Hirte seinen Arm um ihn und drückte ihn fest an sich, bevor er davonging.

„Und später kommst du wieder zu uns zurück!" Er lächelte dem Jungen zu. „Wir warten auf dich!"

Die anderen winkten ihm zu und machten sich auf den Heimweg.

So blieb Nathan mit seinem schwarzen Schäfchen im Stall bei Maria, Josef und dem Kind und war so glücklich, daß sie ihn und sein Schäfchen so annahmen, wie sie nun einmal waren. Und weil das Mutterschaf, das die Hirten geschenkt hatten, so viel Milch gab, erhielt auch das Schäfchen seinen Teil.

Nathan wäre wohl immer hiergeblieben, wenn nicht eines Tages die drei Könige in den Stall gekommen wären. Sie traten mit ihren Dienerinnen und Dienern herein und brachten kostbare Geschenke mit. Dann knieten sie vor der Krippe und beteten zu dem Kind im Stroh. „Gott segne dich!" sagten sie. „Du wirst der König des Himmels und der Erde sein!"

Nathan stand dabei und mußte immer den einen König anschauen. Der sah auch ganz anders aus als die beiden anderen. Er war so schwarz wie sein Schäfchen. Der fremde schwarze König lachte Nathan mit seinen glänzenden weißen Zähnen an. Da faßte der Junge Mut und fragte: „Sind die Leute bei dir zu Hause alle so dunkel wie du und ich?"

Der König nickte. „Es ist dort nichts Außergewöhnliches! Wenn du Lust hast, kannst du gern mit mir kommen!"

Nathan schwieg. Er dachte daran, was Maria zu ihm gesagt hatte. Und der alte Hirte fiel ihm ein, der seinen Arm um ihn gelegt hatte. Schließlich sagte er: „Ich danke dir. Aber ich muß hierbleiben und für mein Schäfchen sorgen. Außerdem habe ich den Hirten versprochen, daß ich zurückkomme. Weißt du, sie sind meine Freunde!" Dann brachte er die drei Könige zur Stalltür und schaute zu, wie sie wieder auf ihre Kamele stiegen. Er sah ihnen so lange nach, bis sie weit in der Ferne verschwunden waren. Und sein schwarzes Schäfchen stand neben ihm und rieb den Kopf an seinen Beinen.

Die Tiere an der Krippe

Text: Rolf Krenzer, Melodie: Martin Göth

lieb hat, der darf auch bei ihm sein."

2. Die Schafe traten ein und blökten zärtlich „Mäh!"
   Sie kamen leis' herein und blieben in der Näh.

   Refrain:
   Maria sagte froh: „Mein Sohn ist nicht allein,
   denn wer mein Kind so lieb hat, darf immer bei ihm sein."

3. Der Esel war längst da und rief ganz stolz: „I-a!
   Hört zu, ich war dabei, als das heut nacht geschah!"

   Refrain:
   Maria sagte froh: „Mein Sohn ist nicht allein…"

4. Die Katze schlich herbei, sprang hoch zur Krippe schnell
   und wärmt' das Jesuskind mit ihrem weichen Fell.

   Refrain:
   Maria sagte froh: „Mein Sohn ist nicht allein…"

5. Die Mäuse kamen auch und haben nicht gestört.
   Der Ochse muht: „Wie schön!" Und jeder hat's gehört.

   Refrain:
   Maria sagte froh: „Mein Sohn ist nicht allein…"

6. Die Vögel sangen dann dem Kind ein Kuschellied.
   Da hörten alle zu, und Josef summte mit.

   Refrain:
   Maria sagte froh: „Mein Sohn ist nicht allein,
   denn wer mein Kind so lieb hat, der wird auch bei ihm sein."

Es kommen drei Herren geritten

Text: Rolf Krenzer, Melodie: Martin Göth
© Verlag Ernst Kaufmann. Vervielfältigung nur mit Genehmigung.

1. Es kom-men drei Her-ren ge - rit - ten. Es

führ-te der Stern sie hier - her. Um Aus-kunft wol - len sie

bit-ten. Ihr Weg war so weit und so schwer. *Refrain:* Wo

fin - den wir ihn? Wo fin - den wir ihn? Den

Kö - nig des Him-mels, den Kö - nig der Welt, von

dem uns der Stern dort am Him - mel er-zählt.

2. Es reiten drei Herren gleich weiter
   zum Schloß hin. Hier müßt' es wohl sein.
   Zieht weiter, ihr Herrn! Hier gibt's leider
   kein Königskind winzig und klein!

   Refrain:
   Wo finden wir ihn?
   Wo finden wir ihn?
   Den König des Himmels,
   den König der Welt,
   von dem uns der Stern dort
   am Himmel erzählt.

3. Kein Königskind hier. Leider! Leider!
   Kein Prinz hier in Reichtum und Pracht.
   So reiten die Herrn wieder weiter
   und folgen dem Stern durch die Nacht.

   Refrain:
   Wo finden wir ihn…

4. So sind sie zur Krippe gekommen.
   Hoch über dem Stall steht der Stern.
   Da sind die drei Herren willkommen
   und finden den König, den Herrn!

   Schluß-Refrain:
   Hier finden wir ihn!
   Hier finden wir ihn!
   Den König des Himmels,
   den König der Welt,
   von dem uns der Stern dort
   am Himmel erzählt.

Die Herbergssuche

Krippenspiellied

Text: R. Krenzer, Melodie: M. Göth

Maria und Josef kommen langsam. Josef stützt Maria. Sie sind schwer bepackt. Josef hat Maria fast alles abgenommen, damit sie es nicht so schwer hat.

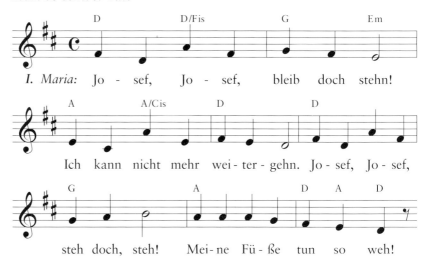

I. Maria: Jo - sef, Jo - sef, bleib doch stehn! Ich kann nicht mehr wei - ter - gehn. Jo - sef, Jo - sef, steh doch, steh! Mei - ne Fü - ße tun so weh!

Sie bleiben stehen und setzen das Reisegepäck ab. Josef zeigt zu dem Wirtshaus auf der einen Spielseite.

II. Josef: Es ist nicht mehr weit! Jetzt gib nur acht. Wir fin - den ein Bett noch für die Nacht!

Ich klop-fe an   *(3 x klopfen)*   Du klopfst an!

(3 x klopfen)   Paß auf, schon wird uns auf-ge-tan.

I.   Josef: Komm, Maria, geh nur, geh
bis zum Wirtshaus in der Näh'!
Wart's nur ab, denn du kannst nun
dich im Wirtshaus bald ausruhn.

Sie bleiben vor dem Wirtshaus stehen und klopfen abwechselnd an.

II.   Josef: Nun sind wir schon da! Jetzt gib gut acht: Gleich wird uns
die Türe aufgemacht! Ich klopfe an.
(3 x klopfen) Du klopfst an! *(3 x klopfen)*

Der Wirt tritt mit abweisender Haltung heraus.

Wirt: Was willst du jetzt noch, guter Mann?

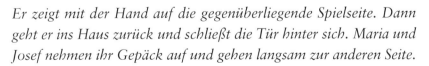

I.   Josef: Nur ein Zimmer! Nur ein Bett!
Guter Mann, ach, seid so nett!

Wirt: Nur ein Bett noch für die Nacht?
Was hast du dir nur gedacht?

*Er zeigt mit der Hand auf die gegenüberliegende Spielseite. Dann
geht er ins Haus zurück und schließt die Tür hinter sich. Maria und
Josef nehmen ihr Gepäck auf und gehen langsam zur anderen Seite.*

(Währenddessen II. Teil instrumental)

I. Josef: Komm, Maria, geh nur, geh
            bis zum Wirtshaus in der Näh!
            Wart's nur ab, denn du kannst nun
            dich im Wirtshaus bald ausruhn.

*Sie bleiben vor dem 2. Wirtshaus stehen und klopfen wieder ab-
wechselnd an.*

II. Josef: Nun sind wir schon da! Jetzt gib gut acht.
            Gleich wird uns die Türe aufgemacht!
            Ich klopfe an. *(3 x klopfen)*
            Du klopfst an! *(3 x klopfen)*

Wirtin: *tritt heraus*
            Denkt nicht, daß ich euch helfen kann!

I. Josef: Nur ein Zimmer! Nur ein Bett!
            Gute, Frau, ach, seid so nett!

Wirtin: Jedes Zimmer ist besetzt.
            Warum kommt ihr denn erst jetzt?

II.   Wenn ich euch so seh, tut ihr mir leid.
            Kommt mit mir zum Stall! Es ist nicht weit!

Sie führt Maria und Josef mit ihrer Laterne zum Stall.

            Ich geh voran! Ihr folgt mir dann,
            weil ich euch sonst nichts geben kann.

*Maria und Josef treten in den Stall ein. Die Wirtin stellt die
Laterne hin und geht.*

I. Alle: Nur ein Stall mit Heu und Stroh.
            Trotzdem wird heut jeder froh.
            Denn im Stall wird in der Nacht
            Gottes Sohn zur Welt gebracht.

Das Lied kann von allen oder von einem Chor oder von einer oder mehreren Stimmen gesungen werden. Dazu spielen Maria und Josef Wirt und Wirtin pantomimisch.
Natürlich können auch die verschiedenen Personen ihren Teil selbst singen.
Reizvoll ist es auch, wenn Erwachsene die Gesangsrollen der Personen übernehmen und die Kinder dazu spielen.

Von dem Kind im Stroh

Von dem Kind im Stroh,
von dem Kind im Stroh,
da will ich heute singen.
Es machte alle Menschen froh,
die zu dem Stall hingingen.

Von der Engelschar,
von der Engelschar,
da will ich froh verkünden.
Sie weckte nachts die Hirten auf,
daß sie die Krippe finden.

Und die Hirten all,
ja, die Hirten all,
die glaubten, was geschehen.
Drum machten sie sich auf zum Stall,
um selbst das Kind zu sehen.

Es war'n arme Leut',
ach, so arme Leut',
die zu dem Kind hinkamen.
Das Kind im Stall macht sie so reich
und froh in Gottes Namen.

Von drei klugen Herrn,
von drei weisen Herrn,
da will ich noch erzählen.
Sie knieten vor dem Kind im Stall
und ließen's an nichts fehlen.

Von dem hellen Stern,
von dem hellen Stern,
da sing' ich auch so gerne.
Er stand am Himmel überm Stall,
der schönste aller Sterne.

Von dem Kind im Stroh,
von dem Kind im Stroh,
da will ich froh verkünden.
Macht euch zu ihm gleich auf den Weg,
um Gottes Sohn zu finden.

Von dem Krippenkind,
von dem Krippenkind,
da singen wir bis heute.
Gott gibt uns Hoffnung,
Mut und schenkt
uns täglich neue Freude.

Rolf Krenzer, freier Kinder- und Jugendbuchautor, lebt in Dillenburg, wo er viele Jahre lang Rektor der Otfried-Preußler-Schule war. Er ist Verfasser zahlreicher Spiel-, Lieder- und Fachbücher für die Arbeit mit Kindern im Kindergarten und der Grundschule. Als erfahrener Sing- und Spielleiter vermittelt er auf Fachtagungen und Seminaren seine Lieder und Spiele an Erzieherinnen, Lehrerinnen und Lehrer.

In derselben Ausstattung wie das vorliegende Buch führen wir zum Thema Winter den Titel:

Rolf Krenzer
Winterzeit, Kinderzeit
Neue Geschichten, Spiele
und 14 neue Spiellieder von
Martin Göth und Rolf Krenzer
104 Seiten, farbig illustriert
gebunden
ISBN 3-7806-2311-0

Winterzeit, Kinderzeit
Buch mit CD
ISBN 3-7806-2372-2

Winterzeit, Kinderzeit
CD mit 14 Liedern
Texte von Rolf Krenzer,
Melodie und Arrangement von
Martin Göth
ISBN 3-7806-2371-4

Alles, was den Winter für Kinder spannend und interessant macht, vom Martinsfest bis zur Fastnacht, hat Rolf Krenzer in drei Dutzend funkelnagelneuen Geschichten, Gedichten und Liedern eingefangen.

Alle Lieder, die für dieses Buch neu entstanden sind, wurden von Martin Göth komponiert und mit vielen Kindern und Original-Instrumenten auf eine CD aufgenommen.

Kinder, die beim Vorlesen oder Singen gern mit ins Buch schauen, finden bei den Geschichten und Liedern viele lustige Bilder, die zu eigenen Entdeckungen anregen.

Komponist
Martin Göth, Dekanatsassistent in Passau, war in seiner Jugend bei den Regensburger Domspatzen. Er hat einen eigenen kleinen Musikverlag und ist Leiter der Musikgruppe „Schalom", mit der er an Kirchentagen erfolgreiche Auftritte hat.

Illustratoren
Iris Buchholz, Elke Junker und Stefan Horst studierten an der Fachhochschule für Grafik und Design in Münster und arbeiten als freie Illustratoren.

In derselben Ausstattung wie das vorliegende Buch führen wir zum Thema Frühling den Titel:

Rolf Krenzer
Rolf Krenzer
AUF EINMAL IST
DER FRÜHLING DA
Neue Geschichten, Spiele
und Lieder
Verlag Ernst Kaufmann

Rolf Krenzer
**Auf einmal ist
der Frühling da**
Neue Geschichten, Spiele
und 15 neue Lieder von
Martin Göth und Rolf Krenzer
120 Seiten, durchgehend
farbig illustriert, gebunden
ISBN 3-7806-2376-5

**Auf einmal ist
der Frühling da**
Buch mit CD
ISBN 3-7806-2377-3

**Auf einmal ist
der Frühling da**
CD mit 15 Liedern
Texte von Rolf Krenzer,
Melodie und Arrangement von
Martin Göth
ISBN 3-7806-2378-1

Zum Frühling gehört nicht nur die Freude an der erwachenden Natur, sondern auch Ostern und Pfingsten, der 1. April und der Muttertag. Alle diese Höhepunkte werden mit vielen neuen Geschichten, Gedichten, Spielen und Liedern so vorgestellt, daß sie nicht nur den Kindern viel Spaß bereiten, sondern auch den Erwachsenen, die mit Kindern im Vor- und Grundschulalter leben und Anregungen zum Vorlesen, Spielen und Singen suchen.

Die Lieder für diese Sammlung sind alle neu entstanden. Sie wurden von Martin Göth komponiert und mit vielen Kindern und Originalinstrumenten auf eine CD aufgenommen.

Die fröhlichen Bilder, die die Texte und Lieder begleiten und vertiefen, machen neugierig auf die Inhalte und sprechen Kinder wie Erwachsene gleichermaßen an.

Komponist
Martin Göth, Dekanatsassistent in Passau, war in seiner Jugend bei den Regensburger Domspatzen. Er hat einen eigenen kleinen Musikverlag und ist Leiter der Musikgruppe „Schalom", mit der er an Kirchentagen erfolgreiche Auftritte hat.

Ilustratoren
Iris Buchholz, Elke Junker und Stefan Horst studierten an der Fachhochschule für Grafik und Design in Münster und arbeiten als freie Illustratoren.

Ein Strumpf gehört an jedes Bein
Die ersten Krenzer-Lieder wieder neu

94 Lieder auf ca. 200 Seiten durchgehend farbig illustriert von Iris Buchholz, Elke Junker und Stefan Horst.

Als vor 20 Jahren die ersten Lieder von Rolf Krenzer und Inge Lotz veröffentlicht wurden, begann eine neue Ära für das Kinderlied.

Bei den neuen Liedern, die in Kindergarten und Schule bald Eingang fanden unter dem Namen „Krenzer-Lieder", handelte es sich um Spiellieder, die leicht erlernbar waren und spontan in Spiel und Bewegung umgesetzt werden konnten. Inhaltlich befaßten sie sich mit den Erlebnissen und Erfahrungen heutiger Kinder. Die ersten kleinen Sammlungen wie „Hast du unsern Hund gesehen?", „Mach mit uns Musik" und „Wir sind die Musikanten" erlebten ebenso wie die beiden Sammlungen mit einfachen religiösen Spielliedern „Hundert einfache Lieder Religion" und „Regenbogen bunt und schön" viele Auflagen.

Inzwischen sind diese Bücher längst vergriffen und viele der Lieder in anderen Lieder- und Werkbüchern verstreut. Mit „Ein Strumpf gehört an jedes Bein" liegt nun endlich wieder ein Liederbuch vor, in dem die erfolgreichsten ersten Krenzer-Lieder gesammelt vorliegen. Die Auswahl der Lieder und die Zuordnung zu acht Kapiteln hat Rolf Krenzer selbst vorgenommen:

1. Gott gibt einen neuen Tag
2. Wenn's draußen schön grün wird
3. So schön ist es im Sommer
4. Sieh nach, wer da geklingelt hat
5. Wollen nach den Äpfeln sehen
6. Da lacht der dicke Bär
7. Kalt, es ist bitterkalt!
8. Händedrücken ist 'ne schöne Kunst

Die Lieder sind mit einfachen Gitarrengriffen und kurzen Spielanweisungen versehen. Fröhliche Illustrationen begleiten sie.

Zu dem Buch gibt es eine CD mit einer Auswahl der wichtigsten Lieder.

Alle unsere weiteren Krenzer-Titel auf einen Blick:

Die Osterzeit im Kindergarten
144 Seiten, kartoniert
ISBN 3-7806-0908-8

Die Pfingstzeit im Kindergarten
168 Seiten, kartoniert
ISBN 3-7806-0910-X

Die Sommerzeit im Kindergarten
254 Seiten, kartoniert
ISBN 3-7806-0917-7

Die Adventszeit im Kindergarten
292 Seiten, kartoniert
ISBN 7806-0921-5

Was können wir spielen
Einfache Spiele für Spielstube und
Kindergarten
136 Seiten, kartoniert
ISBN 3-7806-0914-2

Heut' spielen wir Theater
248 Seiten, mit Illustrationen von
Dagmar Domina, kartoniert
ISBN 3-7806-0916-9

Das wird ein Fest
Biblische Spiele und Lieder für den
Kindergarten
128 Seiten, kartoniert
ISBN 3-7806-0918-5

Deine Hände klatschen auch
Spiellieder für Kinder
200 Seiten, mit vielen
Notensätzen, kartoniert
ISBN 3-7806-0920-7

Tips und Themen: Kindergarten

Schulanfang
Hilfen zur Vorbereitung
84 Seiten, kartoniert
ISBN 3-7806-2380-3

Elternabend
Hilfen zur Vorbereitung
und Durchführung
88 Seiten, kartoniert
ISBN 3-7806-2381-1

100 einfache Texte zum Kirchenjahr
Für Kindergarten und Vorschule
Hrsg. Rolf Krenzer und Volker Fritz
208 Seiten, gebunden
ISBN 3-7806-0488-4

Die Babuschka, Sascha und das Huhn Natascha
Ein Osterbilderbuch
28 Seiten, durchgehend farbig illustriert
von Jutta Mirtschin, gebunden
ISBN 3-7806-2375-7

Auf dem Hirtenfeld
Adventskalender
Text: Rolf Krenzer
Grafik: Eleonore Schmidt
Block mit 48 Blatt, dazu Poster zum
Einkleben der Bilder, Spiralbindung
ISBN 3-7806-0543-0

Der Adventsbaum
Ein Adventskalender zum Vorlesen
und Ausschneiden von Rolf Krenzer,
Illustrationen von Iris Buchholz
52 Seiten, ein großes Poster, kartoniert
ISBN 3-7806-0551-1

Zu den fünfzehn neuen Liedern dieses Buches gibt es eine CD, die beim Verlag Ernst Kaufmann unter der Nr. 3-7806-2418-4 bestellt werden kann.

Musikalische Ausführung

Gesamtleitung: Martin Göth
Arrangement: Martin Göth, Maximilian Maier

Instrumentalbesetzung

Martin Göth (Keyboard; Gesang) · Gertrud Göth (Flöten; Gesang) Maximilian Maier (Schlagzeug; Gitarren; Klarinetten; Keyboard; Gesang) · Jochen Rössler (Bass) · Gotthard Seidl (Konzertgitarre) · Evi Resch (Gesang) · Joseph Bader (Gesang) · Lothar Ranzinger (Akkordeon)

Chor

Kinderchor (Schüler/innen der Kreismusikschule Passau) unter der Leitung von Stefan Pontz:
Verena Bauer, Eva Hoisl, Julia Obermeier, Verena Riedinger, Christian Schmid, Sabine Schmitz, Stefanie Streifinger, Beatrix Zarda.
Schülerinnen des Auersperg Gymnasiums Passau:
Claudia Gruber, Anna Hofmann, Carolin Alliger, Charlotte Martin, Theresa Seidl, Anja Brunner.